Adam Weishaupt

Die neuesten Arbeiten

Adam Weishaupt

Die neuesten Arbeiten

ISBN/EAN: 9783743379251

Hergestellt in Europa, USA, Kanada, Australien, Japan

Cover: Foto ©ninafisch / pixelio.de

Manufactured and distributed by brebook publishing software (www.brebook.com)

Adam Weishaupt

Die neuesten Arbeiten

Die neuesten Arbeiten

Spartacus und Philo,

in

dem Illuminaten-Orden

jetzt zum erstenmal gedruckt

und

zur Beherzigung bey gegenwärtigen
Zeitläuften

herausgegeben

1 7 9 4.

Nro. 367

Die neuesten Arbeiten des Spartacus und Philo ꝛc. in dem Illuminaten-Orden.

Imprimatur.

Sigmund Graf von Spreti, Präsident.

München im Churfürstl.
Bücher-Censur-Collegio
den 18ten Dec. 1793.

Regiſtr. Fol. 175.

Franz Xaver Graff,
wirkl. Rath und Secretär.

Vorrede.

Die Absicht bey der Herausgabe dieser hier
mitgetheilten höhern Grade der Illuminaten ist nicht, die Neugierde des Publikums,
das sie selbe noch nicht gedruckt gelesen hat, zu
befriedigen, sondern dasselbe auf die darinn
enthaltnen, den Völkern wie den Fürsten
gleich gefährlichen Grundsätze dieser vorgeblichen Welt = Reformatoren, im Grunde
aber herrschsüchtigen Welt = Umwälzer, aufmerksam zu machen. Dieses ist bey den gegenwärtigen Zeitläuften um so nöthiger, je
gewisser so manche Leute aus allen ihren
Kräften bemüht sind, die in diesen Graden
aufgestellte verfängliche Theorie in Ausübung
zu bringen, alle geheiligte Bande der Menschheit zu zerreißen, friedliche Bürger durch
Schimären von allgemeiner Freyheit und
Gleichheit gegen ihre gute Obrigkeit zu em-
pören, Staatsverfassungen, bey welchen,

*

ungeachtet

ungeachtet der allen menschlichen Anstalten
anklebenden Unvollkommenheiten, die Völker möglichst glücklich waren, umzustürzen,
die Sitten zu vergiften, alle Religion aus-
zurotten und alle mögliche Greuel der Ver-
wüstung über ehemals gesegnete Gegenden
herbeyzuführen.

Das Publikum sahe hier die letzte und
vornehmste Quelle, aus welcher alle die bisherigen Unruhen und Zerrüttungen geflos-
sen sind. Hätten die im Finstern schleichen-
den Verbündeten nicht die unselige Geschicklichkeit gehabt, sich vor rechtschafnen Staats-
bürgern zu verbergen, Minister und Regenten einzuschläfern, und dadurch von Ge-
genanstalten zur rechten Zeit abzuhalten, und
dagegen ihre verderblichen Grundsätze, sowohl durch Schriften ohne Zahl, als auch
vornehmlich durch Unterredungen und durch
Gesellschaften mancherley Art und unter
mancherley Masken, ungehindert unter alle
Klassen von Leuten zu bringen: so wäre die
Welt noch ruhig, und die Verbesserungen,
die von Zeit zu Zeit nöthig seyn dürften,
würden

würden ordnungsmäßig gesucht, und eben so nach Möglichkeit bewilligt worden seyn; so hätten die Unruhstifter nachher, als sie sich zum Theil öffentlich zeigten, nicht so vielen Eingang gefunden; so wären die Rheinländer von Verräthern, von der Verführung durch tolle Vorspiegelungen, von erkünstelten oder auch erzwungnen Empörungen gegen ihre rechtmäßigen Obrigkeiten, und von allen denen hiemit verbundnen Abscheulichkeiten frey geblieben; so hätte selbst Frankreich das Glück gehabt, die Abschaffung der dort herrschenden Mißbräuche zu erhalten, ohne in das schauderhafteste und noch nie gesehene Elend gestürzt zu werden:

Trojaque nunc staret, Priamique arx alta maneret!

Man lese den in der Wiener Zeitschrift *) so betitelten wichtigen Aufschluß über eine noch wenig bekannte Veranlassung der Französischen Revolution; und urtheile! denen zu gefallen, welchen dieses Journal, das die Verbündeten auf alle Art zu unterdrücken suchen, noch nicht zu Gesicht gekommen seyn

* 2 mag,

*) Jahrgang 1793. 2. Heft. Seite 145. u. f.

tag, habe ich den folgenden Auszug beygefügt, in der Ueberzeugung, daß derselbe hier an der rechten Stelle stehe. Wer das liest, der merke darauf!

Der ungenannte Verfasser dieses Aufsatzes, welcher dem Herausgeber der gedachten Zeitschrift von zuverläßiger Hand, wie er sagt, mitgetheilt worden, spricht zuerst von den bekannten Ursachen dieser beyspiellosen Revolution, und setzt dieselben theils in dem Elend des Volks, den ungeheuern Erpressungen, dem Verfall der Finanzen, dem Druck der Despotie, dem Ministerial- und Adels-Despotismus; theils in der falschen Aufklärung und der öffentlichen Herabwürdigung der Religion und Tugend, vornehmlich in Schriften. Hierauf kömmt er auf eine dritte, bisher noch nicht bekannte Ursache, welche er in der Einmischung deutscher Illuminaten findet, wodurch die ganze Maschine den Hauptstoß zur Bewegung erhalten habe. Es verlohnt sich der Mühe, seine eigne Worte hierüber anher zu setzen.

„Ob

Vorrede.

„ Ob indeſſen die Franzöſiſche Revolution durch jene Staatskrankheit, und das durch eine üble Richtung der Literatur angerichtete Verderben der Religion und Sitten ſobald zu Stande gekommen wäre (und daß ſie zu frühe und übereilt ausgebrochen, und einer unzeitigen Geburt gleich iſt, geſtehen ſchon viele ihrer vormaligen eifrigſten Bewunderer ein) wenn nicht ein Dritter hinzu gekommen wäre, das ſie eigentlich zum Ausbruch gebracht? dieß bezweifle ich ſehr. Und dieſes Tertium interveniens? hier iſt es, ſo unwahrſcheinlich und unglaublich es manchem dünken wird, und ſo ſehr auch aus ganz guten Gründen es manche geradezu abläugnen werden.

„ Vermuthlich werden die Leſer dieſes Aufſatzes ſich noch aus der Berliniſchen Monatsſchrift von 1785 einer Freymaurerparthey erinnern, an deren Spitze damals die Hrn. Martin, Willermoz, Chappes de la Henriere, und andre ſtunden, und welche den Namen der Philaleten, Chevaliers bienfaiſans, und auch diejenigen des Amis reunis führte.

führte. Das schwärmerische System dieser
Parthey kann man aus den Büchern des Er-
reurs etc. kennen lernen, und Mercier sagt
im Tableau de Paris, daß junge Schwindel-
köpfe demselben angehangen. Im Jahr 1788
gieng in dieser Loge des Amis reunis eine
große Veränderung vor, durch welche die
Anhänger derselben aus Philaleten in Phi-
lopseuden, aus Chevaliers bienfaisants in
Chevaliers malfaisants, aus Amis reunis
in Ennemis reunis verwandelt wurden.
Zween Deutsche, die unter den Illuminaten
ansehnliche Stellen bekleideten, und ganz für
das ungeheure Project ihres Ordens einge-
nommen waren, durch eine vorzunehmende
Weltreformation der bisherigen Religions-
und Staats = Verfassung eine andere Gestalt
zu geben, Fürsten und Pfaffen, als die eigentlichen Bösen entbehrlich zu machen und abzu-
schaffen, die natürliche und allgemeine Gleichheit unter den Menschen herzustellen, und
statt des Christenthums eine philosophische
Religion einzuführen, kamen ungefähr um
diese Zeit nach Paris. Die eigentliche Ab-

sicht

ficht ihrer Reise dahin war, wegen des Magnetismus, der damals viel Lärm machte, Nachrichten einzuziehen: vielleicht mochten sie auch
den Auftrag haben, sich nach den Verhältnissen zu erkundigen, in welchen, wie man noch
damals auf Veranlassung der Berlinischen
Monatsschrift hin und wieder glaubte, die Jesuiten mit den Freymaurern, und vorzüglich
denen, die sich Amis reunis nannten, stehen
sollten, und etwas aufzusuchen, was zur Be-
stärkung jener schon wankenden Hypothese
dienen könnte.

Wer den mehr als fanatischen Prose-
lytenmacher-Geist des Illuminatismus kennt,
wird es nicht befremdend finden, daß diese
beyden Männer, als eifrige Illuminaten, die
Gelegenheit genutzt, die sich ihnen darbot, ihr
System auch auswärtig zu verbreiten. Da die
Loge des Amis reunis Alles sammelte, was
von andern Freymaurer-Systemen nur in der
Welt aufzutreiben war, so war schon dadurch
dem Illuminatismus der Weg in dieselbe gebahnt. Es währte nun auch nicht lange, so
ward diese Loge nebst allen die von ihr abhien-

gen,

gen, mit dem Illuminatismus imprägnirt.
Ganz als weggewischt war nun das bisherige
System derselben, so daß auch von dieser Zeit
an der Name der Philaleten so ganz ver=
schwunden ist, als ob er nie gewesen wäre, und
an die Stelle der vormaligen kabbalistisch=ma=
gischen Schwärmerey tratt nunmehr die phi=
losophisch= politische.

Diese ungeheure Metamorphose ist Be=
stättigung des bekannten Grundsatzes, daß der
Schritt von einem Extrem zum andern der
kürzeste ist. In einer jeden dieser so umgewan=
delten Logen entstand nun ein Comité politi-
que, das ganz damit beschäftigt war, Maasre=
geln zu ergreifen, um den großen Plan (le
grand Oeuvre) einer allgemeinen Religions=
und Staats=Umwälzung ausführen zu kön=
nen. Zu diesen Comités politiques gehörten
*La Fayette, Condorcet, Pethion, Mirabeau,
Paine, Monsieur l'Egalité* und andere, kurz
die vornehmsten Häupter der Revolution; und
in denselben ward der Plan gemacht und durch
die äußern Werkzeuge ausgeführt, der so un=
säglich vieles Unglück im Gefolge gehabt, Des=

sen

sen Ende wir noch nicht absehen. Wäre von dieser Seite nicht der letzte und kräftigste Stoß gegeben worden, schwerlich würde die Revolution, so sehr sie auch durch jene beyden zuerst angeführten Umstände vorbereitet war, schon in Frankreich ausgebrochen seyn.

Nicht die Franzosen sind die Erfinder dieses großen Entwurfes, die Welt umzukehren, diese Ehre kommt den Deutschen zu. Den Franzosen gehört die Ehre, daß sie mit der Ausführung den Anfang gemacht, und was damit im Gefolge, und wie ihre Geschichte zeigt, ganz im Genie dieses Volks war, Kopfabschneiden, Intrigiren, Morden, Sengen und Brennen, und — Menschenfleisch fressen. Aus den in Deutschland entstandenen, und noch ganz und gar nicht verloschnen, sondern nur verborgen und um desto gefährlicher sein Wesen treibenden Illuminatismus sind die Comités politiques entstanden, die dem Jakobiner-Club sein Daseyn gegeben.

Sollten manche, die dazu ihre guten Gründe haben mögen, dieses für unwahr erklären; so würden sie wohl thun, uns zu erklären,

erklären, woher die große Uebereinstimmung
komme, die zwischen dem Jakobinismus und
Illuminatismus nicht nur in Grundsätzen,
sondern auch sogar in gewissen äußern Dingen
angetroffen wird, als da in ihren Clubs diejenigen, die reden wollen, nach Freymaurer-
Art ums Wort bitten, wenn zwischen dem
Jakobinismus und der durch Illuminatismus
verunstalteten Maurerey gar keine Verbindung ist? Alle andere Revolutionen in der
Welt haben nur blos auf das Reich Bezug genommen, worinn sie entstanden sind; diese
hat die Umwälzung der ganzen Welt zum
Augenmerk. Ist das bloß Character der
Franzosen, uns wie vormals ihre Moden, nun
auch ihre Freyheit zu schenken; oder ists nicht
vielmehr Ausführung des Plans einer allgemeinen Welt - Umkehrung, den der Illuminatismus zuerst ausgeheckt? Woher kommts,
daß das ewige Lied der Jakobiner von allgemeiner Freyheit und Gleichheit, von Abschaffung der Könige und Fürsten als der kleinen
Tyrannen, und ihre gewaltsame Unterdrückung der Priesterschaft, und alle Schritte zur

Ver-

Vorrede.

Veſtilgung des Chriſtenthums und Einfüh-
rung einer philoſophiſchen Religion, wobey
einem jeden Mauvillons, eines bekannten
Illuminaten Aeuſſerungen über das Chriſtenthum, und diejenigen, die Knigge, Campe,
und andere über Staat und Religion vorgetragen, einfallen; woher kommts, ſage ich,
daß dieſes alles mit dem, was man in den Originalſchriften der Illuminaten findet, ſo genau übereinſtimmt, wenn keine Verbindung
unter beyden iſt: woher hat der Jakobinismus allenthalben auch in den entfernteſten
Gegenden ſo viele Anhänger; und wie iſt es
zu erklären, daß dieſes gerade ſolche ſind, die
mit dem Illuminatismus, ſo weit man nach-
ſpüren kann, in gewiſſen Verhältniſſe geſtan-
den? Das: les beaux genies ſe. rencon-
trent! iſt nicht genug zur Beantwortung. "

„ Ob es übrigens der Mühe werth ſey
und wichtig und nothwendig, daß Fürſten und
Obrigkeiten aller Arten auf a l l e geheime Aſ-
ſociationen, und ſollten ſie auch nur bloß als
Leſegeſellſchaften exiſtiren, oder ſich den un-
ſchuldigen Namen eines litterariſchen Zirkels
geben,

geben, und also eine gewisse Publicität affecti=
ren, ein wachsames Auge zu haben, will ich je=
dem zu beurtheilen anheim stellen. Außerdem,
daß die Regenten die große Verpflichtung ha=
ben, das Eigenthum ihrer Unterthanen zu be=
schützen; und das Kostbarste ist ihre Religion
und bürgerliche Ruhe, und sie gegen heimliche
Meuchler zu sichern, hat die Französische Re=
volution und die Geschichte der Uebergabe von
Mainz an die Franzosen, leider! zu sehr be=
stärkt, was in der Französischen Uebersetzung
der geheimen Briefe über die Preußische
Staatsverfassung in der Vorrede gesagt ist:
Ce n'est pas une ligue impuissante, qu'une
Conjuration des Philosophes armés pour
(contre hätte es aufrichtiger heißen sollen)
la vérité.

„Mir ist's genug, diese wichtige Sache
in Anregung gebracht zu haben, und ich
schließe damit, daß ich sage:

Dixi et salvavi animam meam!

Kritische

ILLVMINATI

Dritte Klaſſe.

I. Kleine Myſterien.

A. Kleiner Prieſtergrad. Presbyter.

Nachſtehende Abſchrift iſt mit einem von den Erl. Obern documentirten und beſiegelten Exemplare vollkommen gleichlautend, welches hiermit durch Vordrückung des Siegels der zweiten Deutſchen National-Inſpection bekräftiget wird. Edeſſa 1152. Jezdedſ.

Philo.

(L.S.)

Einleitung.

Wenn ein Schottischer Ritter in diesen Grad des höhern Ordens aufgenommen werden soll, so muß derselbe

1) als Minerval gezeigt haben, daß er sich derjenigen Wissenschaft, welche er sich zu seinem Lieblingsfach gewählt, mit Ernst gewidmet, und in derselben keine gemeine Fortschritte gemacht habe, als worüber er Proben ablegen, und eine Aufgabe beantworten muß.

2) Muß er sich in den folgenden maurerischen Graden den Beyfall seiner Vorgesetzten erworben, folglich

   a) seinen Verstand aufgeklärt,

   b) sein Herz gereinigt,

   c) seine Sitten geläutert,

   d) dem O. nützliche thätige Dienste geleistet haben.

3) Er wird sodann entweder vom Präfect des Kapitels, welcher immer diesen Grad hat, und die Versammlungen desselben nach Gefallen frequentiren kann, dem Provinzial-Obern empfohlen, oder durch den Decanus zur Beförderung in diese Klasse in Vorschlag ge-

gebracht, oder von den höhern Obern dazu ausdrücklich ausgehoben.

4) Wenn die Einwilligung des Provinzials erfolgt ist, so bestellt der Präfect den Kandidaten zu sich, eröfnet ihm den Entschluß der Erl. Obern und sagt ihm: „Der Grad, den er nun erhalten werde, führe zur höchsten Stuffe des O. und werde nun fernerhin, wenn seine weitern Proben gut ausfielen, mit der Direction des untern Gebäudes nichts mehr zu thun, und er nicht mehr nöthig haben, weder ⊏⊐ noch Versammlungen zu besuchen.

5) Hierauf giebt er ihm die Addresse des Decanus der Provinz und trägt ihm auf, nachfolgende Fragen zu beantworten und an selbigen einzuschicken:

a) Sind unsre jetzigen Welteinrichtungen der Bestimmung, zu welcher der Mensch auf diese Erde gesetzt zu seyn scheint, angemessen oder nicht? Erfüllen z. B. Staaten, bürgerliche Verbindungen, Volksreligionen den Zweck, um derentwillen die Menschen dieselben errichtet haben? Befördern die gemeinen Wissenschaften wahrhafte Aufklärung, wahre menschliche Glückseligkeit; oder sind sie vielmehr Kinder der Noth, der vervielfäl-

fältigten Bedürfniſſe, des widernatürli-
chen Zuſtandes, Erfindungen ſpitzfündiger
eitler Köpfe?

b) Welche bürgerliche Verbindungen, welche
Wiſſenſchaften ſcheinen Ihnen zweckmäßig,
und welche nicht?

c) Iſt es wohl einſt anderſt in der Welt
gewesen? Gab es nicht einen einfachern
Zuſtand, und wie denken Sie ſich denſelben?

d) Wäre es wohl möglich, nachdem wir
nun alle Nichtigkeiten unſerer bürgerlichen
Verfaſſung durchgegangen, einmal wieder
zu der erſten Simplicität zurückzukom-
men, zu einer edeln Einfalt, die alsdenn
um deſto dauerhafter ſeyn würde, da ſie
mit den Erfahrungen aller Art von Ver-
derbniſſen ausgerüſtet, das Menſchenge-
ſchlecht in einen ſolchen Zuſtand ſetzte, in
dem ſich etwa ein einzelner Menſch befindet, der, nachdem er in ſeiner unſchuldi-
gen Kindheit unverderbt, beneidenswür-
dig glücklich geweſen, in den Jünglings-
jahren von Leidenſchaften irre geführt
worden, und alle Gefahren kennen gelernt
hat, dann in ſeinem gebildeten Alter aus
dieſen Erfahrungen practiſche Weisheit

mit

mit kindischer Unschuld und Reinigkeit zu
verbinden sucht?

e) Wie wäre es aber anzufangen, diese se-
lige Periode und ein allgemeines Sitten-
Regiment herbeyzuführen? Durch öffentliche Anstalten, durch gewaltsame Revolutionen, oder auf andere Art?

f) Giebt uns nicht die reine christliche Religion Winke dazu? Verkündigt sie uns
nicht einen solchen glücklichen Zustand,
bereitet sie uns nicht dazu vor?

g) Ist aber diese einfache heilige Religion
wohl dieselbe, welche jetzt die verschiednen
christlichen Secten lehren, oder eine bessere?

h) Kann man diese bessere Religion lehren?
Würde wohl die Welt, wie sie jetzt ist,
mehr Licht ertragen können? Glauben Sie,
daß bevor unzählige Schwierigkeiten gehoben sind, es etwas helfen könnte, den
Menschen gereinigte Religion, höhere
Philosophie, und die Kunst, zu seinem
Vortheil sich selbst regieren zu können,
zu predigen? Hängt nicht die Entwei-
chung dieser Dinge mit unsern politischen
und moralischen Verhältnissen so genau
zusammen, daß viele Menschen aus übel

ver-

verstandnem Interesse, und noch mehrere
aus eingewurzelten Vorurtheilen sich der
Veredlung des Menschengeschlechts wider-
setzen, weil sie an die alten Formen gewöhnt sind, und was in diese nicht paßt,
wäre es auch noch so natürlich, groß,
edel, dennoch für unrecht halten? Wird
nicht leider! jetzt alles menschliche, allgemeine, dem personellen engern Interesse
nachgesetzt?

i) Müssen diese Verderbnisse also nicht nach
und nach in der Stille gehoben werden,
ehe man hoffen kann, jene goldnen Zeiten
herbeyzuführen; und ist es nicht besser,
unterdessen in geheimen Verbindungen die
Wahrheit fortzupflanzen?

k) Finden wir Spuren einer solchen geheimen Lehre in den ältesten Weisheitsschu-
len, in dem bildlichen Unterrichte, den
Christus der Erlöser und Befreyer des
Menschengeschlechts seinen vertrautesten
Schülern gab? Bemerken Sie nicht eine
stuffenweise Erziehungs-Anstalt von der
Art schon von den ältesten Zeiten her
angebracht?

Weitere Nachrichten von der Aufnahme in diesen Grad.

Wenn der Kandidat diese Fragen beantwortet und seinen Aufsatz an den Decanus eingeschickt hat, so berichtet dieser deßfalls an den Provinzial nebst Uebersendung der Antworten, und von demselben wird bestimmt, ob er jetzt aufgenommen werden, oder einige (die Denkungsart noch näher entwickelnde) Fragen beantworten soll, worüber ihm denn Bescheid gegeben wird.

Soll der Schottische Ritter zu den kleinen Mysterien eingeweiht werden, so wird ihm früh genug die Zeit der Synodal-Versammlung bekannt gemacht (von der Synode wird nachher gehandelt werden).

Sind die Presbyter an dem Orte angekommen, und befindet sich der Kandidat auch daselbst; so wird Tag und Stunde der Aufnahme vestgesetzt; da die Aufnahme sehr viel Zeit wegnimmt, so muß früh des Nachmittags damit angefangen, aber, wie sichs versteht, jedes Zimmer dunkel gemacht werden.

Der

Der Kandidat wird mit verbundnen Augen in eine Kutsche gesetzt, und von einem Freunde begleitet durch allerley Umwege bis vor das Haus gebracht (insofern dieß ohne Aufsehen zu erregen geschehen kan, und es zu einer Jahrszeit geschieht, da es nicht früh dunkel wird).

Man läßt ihn aussteigen, und führt ihn bis vor die Thür des ersten Zimmers. Da bedeutet ihn sein Freund, nachdem er ihm die Augen aufgebunden, er solle stehen bleiben, bis man ihm zurufen werde, daß er in das Zimmer tretten solle. Vorher aber muß er die Ritterschürze und das Andreaskreuz anlegen, den Hut aufsetzen und den entblößten Degen in die Hand nehmen, worauf ihn dann sein Freund verläßt, und zu den übrigen Priestern geht.

Nach einiger Zeit wird dem Ritter durch eine unbekannte feyerliche Stimme zugerufen: Tritt herein, Verwaiseter die Väter rufen dich, tritt herein! und verschließ die Thür hinter dir. (Der Kandidat thut das).

Nun tritt er in ein Zimmer, welches prächtig erleuchtet und roth, kostbar tapezirt ist. Im Hintergrunde sieht man einen Thron unter einem Himmel, und vor demselben steht ein Tisch, auf welchem eine Krone, ein Scepter,

ter, Schwerdt, Gold, Kostbarkeiten und Fesseln liegen. Zu den Füßen desselben liegen auf einem rothen Kissen die priesterliche Kleidungsstücke. Im Zimmer befindet sich kein Stul, außer einem niedrigen gepolsterten Stülchen ohne Lehne ohnfern der Thüre im Vordergrunde gerade gegen dem Thron über.

Wenn der Ritter die Thür verschloßen hat, und nun stille steht, so wird ihm zugerufen: Schaue auf N. N. blendet dich der Glanz dieses Throns? Gefällt dir dies Spielwerk, diese Krone, dieser Scepter, diese kostbaren Monumente menschlicher Herabwürdigung? Sprich! Gefällt dir dies, so können wir vielleicht deine Wünsche befriedigen. Unglücklicher! wenn dein Herz daran hängt, wenn du dich hinaufschwingen, wenn du helfen willst deine Brüder elend machen, sie unterdrücken, so thue es auf deine Gefahr. Suchst du Macht, Gewalt, falsche Ehre, Ueberfluß, so wollen wir für dich arbeiten, dir zeitliche Vortheile zu verschaffen suchen; wir wollen dich den Thronen so nahe bringen, als du es wünschest, und dich dann den Folgen deiner Thorheit überlaßen: aber unser inneres Heiligthum bleibt einem solchen verschloffen. Willst du aber Weisheit lernen, willst du lernen Menschen klüger,
beffer,

beſſer, frey und glücklich machen, ſo ſey uns
dreymal willkommen. Hier ſiehſt du Zeichen
der königlichen Würde prangen, und dort auf
jenem Kißen das beſcheidene Kleid der Unſchuld! Was wähleſt du? Gehe hin und er-
greife, was dein Herz befriedigt.

Sollte der Kandidat wider Vermuthen nach
der Krone greifen, ſo ruft man ihm zu: Fort
Ungeheuer! Beflecke nicht dieſen heiligen Ort,
geh! Fliehe, weil es noch Zeit iſt! Sein Freund
kommt ins Zimmer, führt ihn wieder heraus,
und die Aufnahme kommt nicht zu Stande.
Greift er aber nach dem Prieſterkleide, ſo
wird ihm zugerufen: Heil dir Edler! Das konnten wir von dir erwarten; aber halt ein!
noch darfſt du dies Kleid nicht anziehen. Höre
erſt, wozu wir dich beſtimmt haben! Setze
dich anf einen Stuhl und merke auf!

Der Ritter ſetzt ſich, und nun wird der
folgende Unterricht laut geleſen, bey welchem
ſich, da er lang und niemand zu ſehen iſt,
zwey Presbyteri abwechſeln können.

Unterricht im erſten Zimmer.

Nach der ſorgfältigen Vorbereitung und
Prüfung rückt nunmehr die Zeit deiner Belohnung herbey. Du haſt deinen Verſtand auf-

ge-

geklärt, dein Herz gebessert, du hast dich und andere erkennen und bilden gelernt. Du hast die ersten Buchstaben der höhern Weisheit von deinen Obern bekommen. Nun trift auch dich die Reihe, andere zu erleuchten und zu regieren — die höchste Ehre, wornach der edlere Mann streben soll. Das, was du bis jetzt weißt, und was du in dieser Stunde noch lernen wirst, giebt dir Ueberlegenheit und Einsichten über andere Schwächere, und eben diese Ueberlegenheit ist die einzige wahre Quelle der Macht des Menschen über andere Menschen. — Die Finsterniß verschwindet, der Tag des Lichts bricht herein, die erste Pforte des Heiligthums öfnet sich. Ein Theil unsrer Geheimnisse wird sich dir entwickeln. — Verschließet die Thore des Heiligthums den Ungeweihten! Ich will zu den Erlauchten, den Heiligen, den Auserwählten sprechen. Ich spreche mit denen, so Ohren haben, um zu hören, eine Zunge, um zu schweigen, und einen geläuterten Verstand, um zu begreifen. —

Durch den Eintritt in diese unsichtbare Versammlung wirst du heute dem höhern Orden zugestellt. So wie du bis jetzt am Ruder des Untergebäudes standest, so wirst du künftig zu der Klasse derer gehören, in deren Hän-

den

ben die Regierung im Wissenschaftlichen, Religiösen und Politischen steht. Alles was uns
wichtig und heilig seyn muß, ist diesen Händen anvertraut. — Weißt du aber auch hinlänglich, was das heißt: Herrschen, in einer
geheimen Gesellschaft herrschen? Nicht über
den geringern oder vornehmern Pöbel, über
die besten Menschen, über Menschen von allen
Ständen, Nationen und Religionen, ohne
äußerlichen Zwang zu herrschen, sie dauerhaft
zu vereinigen: ihnen einerley Geist und Seele
einzuhauchen, über die in allen Theilen der
Welt zerstreuten Menschen in der grösten Ent-
legenheit in möglichster Stille, mit möglichster Eile und Genauigkeit zu herrschen: ist eine
bishero in der Staatsklugheit noch unaufge-
löste Aufgabe. Unterscheidung und Gleichheit,
Despotismus und Freyheit auf das engste zu
vereinigen: sein Reich und seine Unterthanen
sich selbst schaffen: allem Verrath, und denen
daraus entstehenden unvermeidlichen Verfolgungen vorzubeugen: aus Nichts etwas zu
machen, dem allgemein einreißenden Verderben zu steuern, auf allen Wegen Segen und
Wonne zu verbreiten, ist das Meisterstück der
mit der Moral vereinigten Politick. Um dieses zu bewirken, bietet uns die bürgerliche

Ver-

Verfassung wenige brauchbare, auch hier an-
wendbare Regeln an. Die Triebfedern, deren
man man sich in beyden bedient, um Menschen
in Bewegung zu setzen, unterscheiden sich so
gar. Dort werden die Menschen aus Furcht
und Zwang zum Handeln bestimmt, hier bey
uns soll sich jeder selbst dazu bestimmen. Hofnung, vorhergesehener vernünftiger Vortheil,
Erwartung, Vernunft, Sittlichkeit sollen ihnen die gehörige Richtung ertheilen. Hier finden sich Hindernisse, welche nur dergleichen
Einrichtungen allein eigen sind, und bey der
bürgerlichen Gesellschaft gar nicht angetroffen
werden. Diese sind es, welche die vernünf-
tigste Sache unendlich erschweren und Umwege
veranlassen.

Mitglieder, die in verschiednen eifersüchtigen
und argwöhnischen Regierungen zerstreut leben,
in solchen aufgewachsen, von ihnen den Unterhalt erhalten, von ihnen hoffen und fürchten,
die um dieses Unterhalts willen diesen Gemeinden
alle ihre Kräfte und Thätigkeit schenken und widmen: also schon anderswo mit vielen Geschäften
überladene Mitglieder, die man noch über das
an keinem gemeinschaftlichen Ort, unter gemein-
schaftlicher Aufsicht mit den gewöhnlichen Zwangs-
mitteln unterrichtet, die mitten im Verderbnisse

les

leben, und so leicht davon hingeriſſen werden,
wo das üble Beyſpiel ſo häufig, und die Verführung ſo leicht iſt, und das Werk von Jahren
zernichten kan: Mitglieder, die man noch über
das nicht nach dem Beyſpiel geiſtlicher Orden
nach Gefallen überſetzen kan, dieſe ſind es, welche die Grundlage unſerer Mitarbeiter ausmachen und die Arbeit ins Unendliche erſchweren.
— Wie ſoll man weiter von Menſchen, deren der
gröſte Theil unvermögend iſt, und ſelbſt von uns
Hülfe erwartet, und der übrige klügere Theil durch
wiederholten Betrug zu ſehr gewitzigt worden,
als daß er es abermal wagen ſollte, ſein Geld
an eine Geſellſchaft zu verwenden, deren letzter
Zweck ihm noch nicht vorgelegt worden, deren
Häupter er nicht kennt, und die ihm nicht Re-
chenſchaft über die nützliche, zweckmäßige, vernünftige Verwendung ſeiner Freygebigkeit würde
geben können: Wie ſoll man, ſage ich, von ſolchem Mitgliede die nöthigen Fonds erhalten, um
die jedem Körper weſentliche Bedürfniſſe zu be-
ſtreiten, um einen ſo koſtbaren in alle Welt ſich
erſtreckenden Briefwechſel und Zuſammenhang zu
erhalten, um verdienten Dürftigen zu helfen,
die wegen ihrer Redlichkeit, Eifer für die gerechte Sache, für den Orden ſelbſt Verunglückte
zu unterſtützen, gröſſe, der Menſchheit nützliche

An-

Anstalten zu befördern, dem Orden dienliche
Stiftungen zu errichten; Mitglieder, die sich
aller bürgerlichen Aemter begeben, um sich für
den Orden zu verwenden, um diesen den schuldi-
gen Ersatz zu machen: Wittwen und Kinder mit-
telloser Mitglieder zu erhalten, und auf diese
Art jedes Mitglied in den Stand zu setzen, daß
er bey seinem Leben in Unabhängigkeit von dem
Bösen, und bey seinem Uebergang in seiner Be-
ruhigung und Seelenruhe nicht gehindert
werde.

Wären Menschen gleich anfänglich das, was
vernünftige Menschen seyn sollten; könnte ihnen gleich bey dem ersten Eintritt die Heiligkeit
der Sache und die Herrlichkeit des Plans vorgelegt und einleuchtend gemacht werden; dann
möchte manches noch möglich seyn: Aber, da
jeder hofft, jeder haben, und Niemand geben
will: da der Reiz des Verborgenen beynahe
noch das einzige Mittel ist, um Menschen zu
erhalten, die vielleicht nach befriedigter Neugierde so gleich den Rücken kehren, oder gar die
Kenntnisse zum Bösen nutzen würden: da es erst
um die moralische Bildung dieser oft noch ro-
her Menschen zu thun ist, und doch jeder eilt
und murret, und über die Verzögerung unge-
duldig wird, so kanst du hier leicht sehen, daß
Mühe,

Mühe, Geduld, Beharrlichkeit und überwiegende Liebe zum Zweck erfordert werde; daß
die Obern wohl von der Sache überzeugt seyn
müssen, weil sie sonst nicht ihr Vermögen, alle
ihre Kräfte, ihre ganze Existenz dieser Verbindung widmen würden, wofür sie nicht nur nicht
entschädigt, nicht erkannt, sondern oft mit Un-
dank belohnt werden; ich sage, es wird eine
überwiegende Liebe zum Zweck erfordert, um
nicht in Mitte der Arbeit den Posten zu verlassen, und der undankbaren Arbeit, Menschen
zu bessern, auf ewig zu entsagen. Dem nun
vorzubeugen, dort zu helfen, wo die Hülfe
oft so schwer ist, das alles zu leisten, ist was
wir in G. Z. Regierungskunst nennen.

Diese ist die Sorge, zu welcher wir dich
anheut berufen, Tag und Nacht andere beobachten, bilden, ihnen zu Hülfe kommen, für
sie sorgen: in dem Furchtsamen Muth, in dem
Lauen und Trägen Eifer und Thätigkeit erwecken, dem Unwissenden predigen und lehren:
den Gefallenen aufrichten, den Wankenden und
Schwachen stärken, den Hitzigen zurück halten,
Uneinigkeiten zuvorkommen, entstandene beylegen, alle Mängel und Schwächen verbergen,
gegen das Eindringen neugieriger Forscher und
Witzlinge auf seiner Hut stehen, Unvorsichtig-
keiten

keiten und Verrath verhüten, und endlich Subordination und Achtung gegen Ober-, Liebe und
Neigung unter sich, und Verträglichkeit gegen
die, so außen seynd, bey den Deinigen zu bewirken. Diese und andere mehr sind die Arbeiten und Pflichten, die wir dir so eben anlegen.
Hast du noch Muth, das alles zu überwinden,
so höre ferner.

Weißt du dann auch was geheime Gesellschaften sind? Welchen Ort sie in dem großen Reiche der Weltbegebenheiten behaupten? Glaubst
du wohl, daß solche eine gleichgültige, transi-
torische Erscheinung seyen? O, mein Bruder!
Gott und die Natur, welche alle Dinge der
Welt, die Grösten so gut, wie die Kleinsten zur
rechten Zeit und am gehörigen Ort geordnet
haben, bedienen sich solcher als Mittel, um ungeheure sonst nicht erreichbare Entzwecke zu erreichen. Höre und erstaune! nach diesem Gesichtspunct richtet und bestimmt sich die ganze
Moral, und das Recht der geheimen Gesellschaften, und unsere bisherige Moral und Begriffe
von Recht und Unrecht erhalten erst dadurch
ihre nöthige Berichtigung. Du stehst hier in
der Mitte zwischen der vergangnen und künftigen Welt: einen Blick in die vergang-en Zeiten zurück, und sogleich fallen die zehntausend

B   Nie-

Riegel hinweg, und die Thore der Zukunft öf=
nen sich. Mache dich gefaßt, einen flüchtigen
oder kühnen Blick hinein zu wagen: — Du
wirst den unaussprechlichen Reichthum und Vor=
rath Gottes und der Natur, die Erniedrigung
und Würde des Menschen, und die Welt und
das Menschengeschlecht in seinen Jünglingsjah=
ren, wo nicht gar in seiner Kindheit erblicken,
da wo du es schon in grauem hinfälligen Alter
nahe bey seinem Untergang und Herabwürdi=
gung zu finden vermuthetest.

Die Natur, welche stuffenweise Entwickelung
eines unendlichen Plans ist, wo das nämliche
Urbild in allen möglichen Veränderungen, Gra=
duationen und Formen zum Grunde liegt, und
von uns Menschen nach Verschiedenheit seiner
Gestalt verschiedene Namen erhält, macht in al=
len diesen ihren Veränderungen keinen Sprung:
sie fängt von dem kleinst=möglichen, und un=
vollkommenen an, durchlauft ordentlich alle
Mittelstuffen, um zum größten und vollkommen=
sten dieser Art zu gelangen, welches höchste viel=
leicht neuerdings die niederste Stuffe einer neuen
höhern Veränderung ist: sie macht Kinder, und
aus ihnen Männer; und Wilde, um daraus
gesittete Menschen zu machen, vielleicht um uns
mit dem Contrast dessen, was wir waren, mit
dem,

dem, was wir wirklich ſind, fühlbarer, anzie-
hender, ſchätzbarer zu machen: oder uns zugleich
zu belehren, daß eben darum mit dem, was
wir ſind, ihr unendlicher Vorrath noch nicht
erſchöpft ſeye: daß wir und unſer Geſchlecht
noch zu weitern ungleich wichtigern Veränderungen vorbehalten ſeyen. — So, wie alſo
der einzelne Menſch, eben ſo hat auch das
ganze Geſchlecht ſeine Kindheit, Jugend, männliches und graues Alter. Mit jeder dieſer
Perioden des ganzen Geſchlechts lernen die
Menſchen neue, ihnen vorher unbekannte Bedürfniſſe kennen. Jedes neue Bedürfniß iſt
gleichſam der Saamen, aus welchem eine neue
Veränderung, ein neuer Zuſtand, ein Beſſer-
ſeyn hervor keimt, weil es den Menſchen zur
Thätigkeit reitzt, in ihm den Niſus hervor-
bringt, ſolches zu befriedigen, hinweg zu ſchaf-
fen. Aus jedem befriedigten Bedürfniß entſteht wieder ein neues, und die Geſchichte des
Menſchengeſchlechts iſt die Geſchichte ſeiner
Bedürfniſſe, wie das eine aus dem andern entſtanden: und dieſe Geſchichte, dieſe Abſtam-
mung, dieſe Entwickelung der Bedürfniſſe iſt
die Geſchichte der Vervollkommung des ganzen
Geſchlechts; denn nach dieſen richten ſich Kultur, Verfeinerung der Sitten, Entwickelung

der

der schlafenden Geisteskräfte: mit der Entwik-
kelung derselben ändert sich zugleich die Lebensart, der moralische und politische Zustand,
die Begriffe von Glückseligkeit, das Betragen
der Menschen gegen einander, ihre Verhältnisse unter sich, die ganze Lage der jedesmaligen gleichzeitigen Welt. In der Stuffe des
männlichen Alters allein erscheint erst das
Menschengeschlecht in seiner Würde; da erst
werden seine Grundsätze fest, seine Verbindungen zweckmäßig, er sieht den ganzen Umfang
seines Wirkungskreises; dort allein, nachdem
wir vorher durch viele Umwege, durch lange
wiederholte traurige Erfahrungen gelernt, welch
ein Unglück es sey, sich die Rechte anderer
anzumaſſen, sich durch bloße äußerliche Vorzüge über andere zu erheben, um seine Größe
zum Nachtheil anderer zu gebrauchen: dort
allein sieht man es ein, glaubt es, fühlt es,
welch eine Ehre, welch ein Glück es sey, ein
Mensch zu seyn.

Diese erste Stuffe von dem Leben des ganzen Geschlechts ist Wildheit, ist rohe Natur:
wo die Familie die einzige Gesellschaft, und
leicht zu befriedigender Hunger und Durst,
Schutz vor dem Ungestümm des Wetters; ein
Weib, und nach der Ermüdung die Ruhe, die

ein-

einzigen Bedürfniſſe ſind, ein Zuſtand, in
welchem der Menſch die beyden vorzüglichſten
Güter, Gleichheit und Freyheit, in voller
Fülle genießt, und auch ewig genießen würde,
wenn er dem Wink der Natur folgen wollte,
und die Kunſt verſtünde, ſeine Kräfte nicht zu
misbrauchen und den übermäßigen Ausbruch
ſeiner Leidenſchaften zu hindern: oder, wenn
er das ſchon wäre, wozu ſein Geſchlecht erſt
durch lange Vorbereitung gelangen ſollte.
Wenn es nicht im Plan Gottes und der Natur
läge, ihm anfänglich nur das zu zeigen, wozu
ſie ſein Geſchlecht beſtimmt, um ihm ein Gut
um ſo ſchätzbarer zu machen, das er anfänglich gehabt, ſo bald verlohren, gleich darauf
zurückgewünſcht, und ſo lang ſo eilfertig und
vergeblich geſucht, bis er endlich den rechten
Gebrauch ſeiner Kräfte, ſeine Verhältniſſe gegen andere Menſchen richtiger zu beſtimmen
gelehrt ward. In dieſem Zuſtand, wo alle
Gemächlichkeiten unſers Lebens mangelten, war
dieſer Mangel kein Unglück für Menſchen, die
ſie nicht kannten, und eben darum niemal ver-
mißten. Geſundheit war ihr ordentlicher Zuſtand, der phyſiſche Schmerz das einzige Misvergnügen; — was konnte wohl dieſen ur-
ſprünglichen Menſchen mangeln, um glücklich
zu

zu seyn, da sie noch über das ihre Umstände
belehrten, wenige und nicht zu lebhafte Begierden zu haben: eine Kunst, welche das
wesentlichste Erforderniß unsrer Glückseligkeit
ist, das Ziel und Bestreben der Weißheit, und
die Wirkung der aufgeklärtesten Vernunft und
des geordnetesten Willens. — Glückliche Menschen, die noch nicht aufgeklärt genug waren,
um ihre Seelenruhe zu verlieren, und die gros-
sen unseligen Triebfedern und Ursachen unsers
Elends, die Liebe zur Macht, die Begierde
sich zu unterscheiden, und andere zu übertref-
fen, den Hang zur Sinnlichkeit, und die Begierde nach den vorstellenden Zeichen aller
Güter, diese wahre Erbsünde aller Menschen
mit ihrem mühseligen Gefolge, dem Neid, Geitz,
Unmäßigkeit, Krankheiten und allem Foltern
der Einbildungskraft zu empfinden. Aber bald
entwickelte sich in ihnen dieser unselige Keim,
und ihre Ruhe und ursprüngliche Glückseligkeit war dahin.

Als die Familien sich vermehrten, der Unterhalt zu mangeln anfieng, das nomadische
Leben aufhörte, das Eigenthum entstand, die
Menschen feste Sitze erwählten, und durch
den Ackerbau die Familien sich einander nä-
herten, dabey die Sprache sich entwickelte,

und

und durch das Zusammenleben die Menschen
ihre Kräfte gegen einander zu messen anfien.
Hier Ueberlegenheit, dort Schwäche sahen:
Hier sah man zwar, wie der eine den andern
nutzen, wie Klugheit und Stärke des einen die
zusammenlebende Familien ordnen, und einem
ganzen Landstrich gegen die Angriffe der andern
Sicherheit verschaffen konnte. Aber hier wurde
auch zugleich der Grund zum Untergang der
Freyheit gelegt, die Gleichheit verschwand.
Man fühlte neue unbekannte Bedürfnisse, man
fühlte auch, daß sie durch eigne Kraft nicht
wie vorhin zu befriedigen wären. In dieser
Absicht unterwarf sich der Schwache ohne Bedenken dem Stärkern und Klügern, nicht um
von diesem mishandelt, sondern geschützt, geleitet, belehrt zu werden: die Fähigkeit dem
andern zu nützen, war der einzige anerkannte
rechtmäsige Titul zum Thron, und so wie vordem Väter und Häupter der Familien die ersten, so waren nunmehr Wohlthäter die zweyten und einzigen Könige der Welt. Da vorher jeder Mensch frey und unabhängig war,
so konnte keine Gewalt des einen über den andern entstehen, als durch freywillige Unterwerfung, und niemand wollte sich unterwerfen und seinen Rechten entsagen, sich in einen

schlech-

schlechtern Zustand versetzen, wenn er nicht
hoffen konnte, Vortheile davon zu ziehen.

Alle Unterwerfung, auch der rohesten Menschen ist also bedingt auf den Fall, daß ich
Hülfe nöthig habe, daß der, dem ich mich
unterwerfe, mir sie zu leisten im Stande sey.
Mit meiner Schwäche und mit der Ueberlegenheit des andern hört seine Gewalt auf.
Könige sind Väter; väterliche Gewalt geht
mit der Unvermögenheit des Kindes zu Ende.
Der Vater würde sein Kind beleidigen, der
sich über diese Zeit hinüber noch ein Recht
über sein Kind beylegen wollte. Jeder Voll-
jährige kan sich selbst vorstehen: wenn die
ganze Nation volljährig ist, so fällt der Grund
ihrer Vormundschaft hinweg. Wenn der größere Theil noch minderjährig ist, so tretten
zwar die Volljährigen aus, aber sie haben dabey kein Recht, die übrigen wider ihren Willen ihrer vorigen Vormundschaft zu entreißen,
und sich an seine Stelle aufzuwerfen. Einer
Gewalt, die alle anerkannten, wenn sie gänzlich aufhören soll, müssen auch alle entsagen.
Aber niemalen haben sich Menschen unterworfen, um misbraucht, mishandelt zu werden.

Niemal hat sich der Stärkere dem Schwächern unterworfen; der Schwache ist ewig von

der

der Natur zur Unterwürfigkeit beſtimmt, weil
er braucht: der Starke iſt von allen Zeiten
zur Herrſchaft berufen, weil er nutzen kan.
Laß den Schwachen ſtark, und den Starken
ſchwach werden: ſo wechſeln ſie auch den Platz.

Wer den andern braucht, hängt von ihm
ab, er hat ſein Recht ſelbſt abgetretten. Alſo
wenig zu brauchen iſt der erſte Schritt zur
Freyheit; darum ſind wilde und im höchſten
Grad aufgeklärte vielleicht die einzige freye
Menſchen. Die Kunſt ſeine Bedürfniſſe immer
mehr und mehr einzuſchränken, iſt zugleich
die Kunſt zur Freyheit zu gelangen: und die
Kunſt andern wohl zu thun, iſt zugleich die
Kunſt zur Herrſchaft zu gelangen; wer andere
nicht braucht iſt frey: wer noch dazu andern
nutzen kan, iſt frey und ihr König. Wenn
das Bedürfniß lang und anhaltend iſt, ſo iſt
auch die Unterwürfigkeit: Sicherheit iſt ein
ſolch anhaltendes Bedürfniß. Hätten die
Menſchen ſich von Beleidigungen enthalten, ſo
wären ſie frey geblieben. Ungerechtigkeit allein hat ſie unterjocht. Um ſicher zu ſeyn, haben ſie einem einzelnen Menſchen eine Stärke
beygelegt, die er vorher nicht hatte, die nun
ſtärker iſt, als die Stärke eines jeden einzelnen; dadurch haben ſie ſich ein neues Bedürfniß

niß gemacht: die Furcht gegen das Werk ihrer
Hände; um sicher zu seyn, haben sie sich die
Sicherheit selbst benommen; dieser ist der Fall
mit unsern Staaten. — Wo finden sie nun
diese Stärke, die sie gegen die andere schützen
soll? In ihrer Einigkeit? Aber dieser Fall ist
zu selten. — Also in neuen engern, klügern,
geheimen Verbindungen; daher ist das Verlangen nach solchen in der Natur selbst gegründet.

Diese ist die kurze, wahre und philosophische Geschichte des Despotismus und der Freyheit, unserer Wünsche und unserer Furcht,
unsers Glücks und unsers Elendes. Die Freyheit hat den Despotismus zur Welt gebracht,
und der Despotismus führt wieder zur Freyheit. Die Vereinigung der Menschen in Staaten ist die Wiege und das Grab des Despotismus, sie ist auch zugleich das Grab und
die Wiege der Freyheit. Wir haben die Freyheit gehabt, und haben sie verlohren, um sie
wieder zu finden, um sie nicht weiter zu verliehren, um uns durch den Mangel zu ihrem
Genuß um so fähiger zu machen. Die Natur
hat das Menschengeschlecht aus der Wildheit
gerissen, nnd in Staaten vereinigt: aus den
Staaten tretten wir in neue klüger gewählte.

Zu

Zu unsern Wünschen nahen sich neue Verbindungen, und durch diese langen wir wieder dort an, wo wir ausgegangen sind: aber nicht um dereinst den alten Zirkel wieder zurück zu machen, sondern um unsere weitere Bestimmung näher zu erfahren. Die Folge soll alles noch deutlicher erweisen.

Nun waren also die Menschen aus ihrer ruhigen Lage in den Stand der Unterwürfigkeit versetzt. Eden, der Garten des Paradieses, war für sie verlohren, denn sie waren gefallen, der Sünde und Knechtschaft unterworfen, sie mußten ihr Brod in der Unterwürfigkeit, im Schweiß ihres Angesichts verdienen. Andere bemächtigten sich ihrer, versprachen ihnen Schutz, und wurden ihre Anführer: oder die Klügern, um sie zu ihren Absichten zu leiten und ihren Vorschritten großes Ansehen zu geben, gaben sich für übernatürliche Wesen und Abgesandte Gottes aus: und auf diese Art wurde die Theocratie unter ihnen eingeführt. Doch war noch keines dieser Völker zu groß, sie waren in Horden vertheilt, deren jede ihren Anführer hatte. Diese Anführer eben so ungleich an Kräften, als die einzelne natürliche Menschen, mußten nach und nach ebenfalls der Ueberlegenheit des Klugen und Tapfer.

pfersten unter ihnen weichen, und so wurden
viele kleine Stämme in ein großes Volk vereinigt. Es entstunden Nationen und Vorsteher, Könige der Nationen. Mit dem Ursprung
der Nationen und Völker hörte die Welt auf,
eine große Familie, ein einziges Reich zu seyn:
das große Band der Natur wurde zerrissen.
Man vereinigte Menschen, um sie von einander zu trennen: man zog zwischen Menschen
und Menschen eine Linie: diese hörten auf sich
unter einem gemeinschaftlichen Namen zu
kennen. Der Mensch fieng an, dem Landes-
mann nachzustehen, und der Nationalismus
tratt in die Stelle der Menschenliebe: mit der
Abtheilung des Erdreichs und der Landen wurde
auch das Wohlwollen getheilt, und ihm Gränzen angewiesen, über welche es sich niemalen
erstrecken sollte. Nun wurde es zur Tugend,
auf Unkosten derer, die nicht in unsere Gränzen eingeschlossen waren, sein Vaterland zu
vergrößern. Nun wenn es ein Mittel war zu
diesem engern Zweck, so war es erlaubt Freunde
zu verachten, zu hinterlisten, oder wohl gar
zu beleidigen. Diese Tugend hieß Patriotismus: und der Mann, der gegen alle übrige
ungerecht war, um gegen die Seinige gerecht
zu seyn, der seine Vernunft so weit herunter

ge-

geführt hatte, daß er gegen fremde Vorzüge blind war, und die Mängel seines Vaterlandes gar nicht, oder wohl gar als Vollkommenheiten betrachtete: dieser Mann erhielt den Namen des Patrioten. Die Liebe gegen Menschen war im genauesten Verhältnisse mit der Größe seines Vaterlandes.

War es einmal erlaubt, oder wohl gar tugendhaft, Menschen, die nicht mit mir einerley Land bewohnten, geringer zu halten, oder wohl gar zu beleidigen, warum sollte es nicht auch erlaubt seyn, diese Liebe noch enger auf die Bewohner meiner Stadt, oder wohl gar auf die Mitglieder meiner Familie, oder auf mich allein zu beschränken? Und so entstund aus dem Patriotismus der Localismus, der Familiengeist, und am Ende gar der Egoismus.

So wie sich der Gesichtspunct von Zeit zu Zeit verengte, so wurden aus einem einzigen Interesse tausend und unendliche: jeder wollte solches erreichen. Diese Gränzen widersprachen sich, es entstanden innerliche Gährungen, Spaltungen, Feindschaften: das Allgemeine wurde vergessen, weil jeder nur allein auf seine Vergrößerung dachte. Auf solche Art war schon bey der ersten Entstehung der Staaten

ten der Saame der Zwietracht in ihm zerstreut, der Patriotismus fand seine Strafe in
sich selbst; und die beleidigte Menschheit war
an ihren Feinden hinlänglich gerochen. Ein
Uebel, das mit jeder Staatsverfassung von
jeder Form unzertrennlich verbunden, und
durch keine Staatskunst zu heilen ist. Vermindert den Patrictismus, so lernen sich die
Menschen wieder als solche kennen, die Anhänglichkeit verliehrt sich, das Band der Vereinigung zertrennt und erwettert sich, und die
Quelle und Ursache einer Menge dem Staate
nutzbarer Thaten werden nicht ferner unter-
nommen: vermehrt den Patriotismus, so lehrt
ihr zugleich Menschen, daß es eben so wenig
unrecht sey, gegen sein Vaterland, als das
übrige Menschengeschlecht zu handeln: daß in
Rücksicht des übrigen Theils der Menschen,
der Staat eben so wenig als die Familie einiges Vorrecht besitze: daß man das nicht be-
strafen könne, und eine engere Liebe als ein
Verbrechen annehme, wenn man selbst das
Beyspiel dazu giebt; daß jede Usurpation zu
meinem Vortheil erlaubt, und daß endlich der
engste Egoismus eben so rechtmäßig erscheinen
würde, wenn er sich so, wie der Staat, durch
seine Ueberlegenheit Impunität zu verschaffen
im

im Stande wäre. Daß hier also oft ein Verbrechen Tugend wäte, weil es von mehrern ungestraft begangen wird. Jeder Vernünftige muß vielmehr einsehen, daß der Nutzen eines Staats auf keine Art der letzte Maasstab vom Recht, Unrecht sey; denn sonst hätten wir in dem nemlichen Fall widersprechende Rechte: daß es ein allgemeines Recht geben müsse, dem alle übrige untergeordnet sind, dieses ist der Nutzen des ganzes Geschlechtes. Was diesem widerspricht, ist unrecht, wenn ihm auch in gewissen Ländern Altäre gebaut würden, und die verdienstliche Handlung um sein Vaterland könne das gröste Verbrechen gegen die Welt seyn. De Codex der Nation ist dem Gesetzbuch der Natur untergeordnet. Aus diesem letztern werden die Rechte der Nationen beurtheilt, so, wie sich jeder Staat das Recht usurpirt, die Rechte einzelner Familien und Menschen zu beurtheilen, so wie jedes Land so viel möglich den Umgang mit Auswärtigen vermieden, so mußte das Originelle der Menschen verlohren gehen, und statt solchen eigene Sitten, Meynungen, Sprachen, Gesetze und Religionen durch solche ausschließende Vereinigung entstehen, das einförmige verschwinden, und Mannigfaltigkeit auf der Erde ver-

brej

breitet werden. Diese vollendeten die letzte
Linie zwischen Menschen und Menschen zu ziehen. Nun hatten die Menschen Ursach genug,
sich zu hassen, aber beynahe keine sich zu lieben. Nun liebte man nicht mehr den Menschen, sondern einen solchen Menschen. Dieses Wort gieng gänzlich verlohren, und nun
nannten sich Menschen Römer und Griechen
und Barbarn, Heiden und Juden, Mahome-
taner und Christen. Diese theilten sich wieder in weitere neue Secten bis auf den Egoismus herunter. Nun brauchte man nur das
Wort Christ oder Jud, Römer oder Barbar
zu hören, so entstand Neigung für seine, und
Verfolgungsgeist gegen die andere Parthey.
Intoleranz war nun auf allen Seiten, und
weil der Patriotismus den Egoismus gebohr-
ren, so haßten sich Menschen von der nemlichen Secte und Nationen darum nicht wenig-
ger. Sie waren nun Fremde, wenn sie es
mit einem, den sie lebhafter hasseten, mit einem Fremden zu thun hatten: war aber dieser gebändigt, dann fielen sie wieder über sich
selbst her, und schwächten sich, um auf diese
Art seiner Zeit einem Dritten in die Hände
zu fallen, und sich neue Fesseln zu schmieden.
Ihre eigne Anführer gewannen bey dieser
Thei-

Theilung der Interesse am meisten. Die Nation war getheilt, so wie die verschiednen Interesse; dieser Name vergessen: und die Könige fiengen an, sich in die Stelle der Nation zu setzen, sie als ihr Eigenthum zu behandeln, und sich nicht weiter als Vorsteher zu betrachten.

Um die Nation vollends zu unterjochen, trug die Eroberungssucht der Monarchen nicht das Wenigste bey. Man gebot über hundert tausend Menschen, mit diesen konnte man so sicher über die Nachbarn herfallen. Man glaubte über zehen, oder hundertmal so viel gebieten zu können. Die Nation, so Theil an der Feute hatte, willigte gern darein: die Nation und die Könige theilten sich in die eroberten Länder. Die Könige theilten abermal die ihrigen, um gegen eine Nation, die noch befehlen wollte, einen Anhang, eine stehende Miliz zu erhalten, um den einen Theil des Volkes durch den andern zu bändigen. Daher kam also das Lehensystem. Die Erfindung der Monarchen, die mehr hatten, als sie brauchten, und den Ueberfluß verwandten, um unumschränkter zu herrschen, die Ketten des Volks zu vergulden, und aus Wohlthätern Unterdrücker der Menschen zu werden.

C   Der

Der Ursprung von einer Gattung Menschen, die nicht der Nation, sondern dem Könige dienten, auch gegen die Nation zu jedem Wink bereit stunden, die wahren Werkzeuge des Despotismus und die Mittel zur Unterdrückung der National-Freyheit, und Vorläufer und Muster der später errichteten stehenden Miliz, beyde zu einerley Zweck: nur die eine im baaren Gelde, die andern in liegenden Gründen für ihre Unterdrückung und Henkersdienste besoldet, und zum Mord und Raub unschuldiger Menschen gemiethet.

Nun fielen Menschen über Menschen, Nationen über Nationen, Menschenblut floß auf allen Seiten. Es entstund aus den Ueberwundeten eine neue Klasse von Menschen, die man Sklaven nannte, ganz für andere, nicht für sich geschaffene Menschen, zur Willkühr des Ueberwinders, ohne Erwerb, ohne Eigenthum.

Thörichte Völker! die es nicht vorher sahen, was mit ihnen geschehen sollte, die dem Despoten halfen, die menschliche Würde bis zum Viehe zu erniedrigen, um dereinst mit ihnen ein Gleiches zu versuchen, die Sklaverey der Ueberwundenen wurde das Modell von der Sklaverey der Ueberwinder. Ihr

Ver-

Verbrechen war an ihren Nachkommen gerochen, sie durften nur ihre strengen Sitten
verliehren, der Weichlichkeit sich ergeben, und
an den sinnlichen Bedürfnissen Geschmack finden, wozu sie der Ueberfluß der gemachten
Beute vorbereitet, so war der Sieger der
Ueberwundene, und der Ueberwundene der
Sieger.

Diese waren wichtige, aber nicht die einzigen Folgen von der Errichtung der Staaten; die Menschen, die einmal im guten Ver-
trauen aus Kurzsichtigkeit den ersten Schritt
gewagt hatten, erschöpften ihre Kunst in Erfindung der Mittel zu ihrer Erniedrigung.

Solche Männer, die ihre Nation aus dem
Nichts zu einer solchen Größe emporgehoben,
konnten von blinden Untergebenen, die nur
auf das Gegenwärtige sahen, und nicht glaubten, daß der, so ihnen genützt, ihnen auch
dereinst schaden könne, im Anfang nicht anders als außerordentliche Menschen, als Göt-
ter betrachtet werden. Gerne hätte man ihnen die Unsterblichkeit gewünschet. Durch eine
sehr natürliche Folge der menschlichen Kurzsichtigkeit mußte sich diese Achtung auch auf
ihre Kinder, auf ihre Familien erstrecken.
Der Sohn eines Wohlthäters, wähnten die

Men-

Menschen, könne nicht anders als ein abermaliger Wohlthäter seyn. Es war noch eine Art von Wahl, die den Nachfolger bestimmte. Man gieng aus Achtung gegen den ersten Wohlthäter nicht aus seiner Familie: aber nach und nach wurde das Wahlreich zum Erbreich umgeschaffen, und in weiterer Folge, als die Fürsten anfiengen, sich in die Stelle des Staats und der Nation zu setzen, das Volk als ihr Erb- und Eigenthum anzusehen: als der kriegerische Taumel vorbey war, und das Volk durch die Verfeinerung der Sitten und die Liebe zur Weichlichkeit mehr zur Knechtschaft vorbereitet war: als die ersten Väter und Kinder und Enkel des entstehenden Volks nicht mehr lebten, und die ausgearteten Urenkel ihre Rechte vergessen hatten, da entstanden endlich die Patrimonial-Reiche und der Despotismus stürmte auf die sorgenlose Menschen herein: nun wurden die Kinder und Völker wie eine Heerde verkauft, vertheilt, verschenkt, auf die Schlachtbank geliefert. Statt des Gesetzes trat Willkühr der Fürsten ein, sie machten sich selbst zum Zweck: die Nation war blos Mittel, um die Phantasie des Fürsten zu befriedigen. Nunmehr war die Gewalt dieser nicht mehr vom Volk, die Gewalt Menschen zu mishandeln,

wurde

wurde unmittelbar von Gott abgeleitet: Leben,
Gut und Ehre der Bürger war ihrer Willkühr überlassen. Nunmehr sahe man Fürsten,
ohne Einsicht, und sorgenlos über das Schicksal ihrer Unterthanen in Wollüsten ersäuft.
Einen Hof ohne Sitten und voll vom Verderbnisse, das sich bis in die untersten Klassen
verbreitet, das Laster in der Höhe, die Tugend in Ketten; Schmeicheley, Niederträchtigkeit an ihrem Platz: Wissenschaften und
Vernunft unterdrückt: Niemand an seiner gehörigen Stelle: die wichtigsten Aemter des
Staats den Meistbietenden, der Gunst der
Höflinge und unzüchtigen Buhldirnen feil geboten: die Nation in Armuth, das Land verlassen und ungebaut, die Industrie niederge-
schlagen, der Handel unterdrückt: Unsicherheit
des Eigenthums: die Großen unabhängig von
Gesetzen: der gerechte und tugendhafte Mann
der Wuth jedes niederträchtigen, dem er nicht
huldigen wollte, Preis gegeben, und was das
ärgste ist, selbst unter dem Vorwand der Gesetze und Gerechtigkeit unterdrückt. Nun war
Furcht die einzige Triebfeder menschlicher
Handlungen; und Gewaltthätigkeit und Gelüsten das einzige Gesetz: man sah auf allen
Seiten innerliche Zerrüttung, Zwietracht,

Freunde

Freunde gegen Freunde, Brüder gegen Brüder, Aeltern gegen Kinder, Verräther auf
allen Seiten: am Hof Schwelgerey, Schwach-
heit, Niederträchtigkeit, Gleichgültigkeit gegen
das Schicksal der Nation, Bedrückungen und
Auflagen ohne Ende und Namen: Elend von
innen und Schwäche von auffen.

Bey solchen entsetzlichen Umständen, bey
dieser außerordentlichen Herabwürdigung mußten doch endlich, wenn noch anders die geringste Federkraft in dem Volke war, den noch
übrigen wenigen Besseren die Augen aufge-
hen, oder im widrigen Fall mußte die Nation
einem oder mehrern Dritten, theils noch nach
Befund der Umstände den Größern von der
Nation selbst zur Beute werden. Zuweilen,
wenn das Verderben beynahe allgemein, und
die Verderbniß der Sitten am größten ist, ist
die Hilfe am nächsten. Die Natur, welche
in einem, oder dem andern Winkel des Nordens noch guten Saamen von Mannskraft,
und unentwelkter, unverdorbener Fähigkeit
bewahrt, um den siechen Mittag herzustellen,
tritt hie in das Mittel, und ruft aus den
ärmern und unfruchtbaren Gegenden in diese
wollüstige und weichliche Länder der wilden Völker herein, bringt Leben und frisches Blut in
den

den kränklichen Körper, verleiht ihm dadurch
Mannskraft und Stärke, neue Sitten und
Gesetze, bis der zurückgebliebene Keim des
Verderbens auch diese gesunden Theile ergreift.
Aber in dem Fall, daß die Verderbnisse nicht
alle Menschen dieses Volks angriffen, und daß
noch etliche wenige besser und unbefangen wären: o wie sehr mußten sie sich an die Stelle
ihrer ersten Stammväter, an den rieselnden
Bach, unter den Schatten eines fruchtbaren
Baums, an die Seite eines liebenden fühlen-
den Mädchens zurückwünschen. Nun mußten
sie es einsehen, welch ein Gut die Freyheit,
und welche Thorheit es sey, einem zu große
Gewalt zu übertragen. Sie konnten sich überzeugen, daß zu große Gewalt, und damit
verbundne Impunität bey unmoralischen Menschen, wenn sie auch noch so gut scheinen, gar
leicht zum Misbrauch führen.

Hier, da sie das Bedürfniß nach Freyheit,
und ihren Fall am heftigsten fühlten, mußte
bey ihnen der Wunsch nach Linderung entstehen. Sie glaubten mit der Veränderung der
Despoten wäre dem Uebel gesteuert, alle Strei-
che fielen auf die Personen des Tyrannen, keiner auf die Tyranney: sie stürzten den einen,
um den andern zu erhöhen: oder höchstens
durch

durch das vorhergehende Beyspiel gewitzigt:
beschränkten sie die Gewalt des neuen Beherr-
schers, die darum mit der Zeit doch nicht weniger absolut geworden, weil die Quelle des
Uebels, der Mangel an Moralität nicht ver-
stopft war, und so lange diese im Gange ist,
hilft alle Revolution nicht, nachdem die Könige das Geheimniß gefunden, entweder in der
Wahl der Repräsentanten des Volks ihren
Antheil zu haben, ihre Anhänger dazu zu befördern, oder unter diesen die Corruption zu
verbreiten, den Hunger nach Gold zu erwek-
ken, oder durch Hofämter die Stimmen zu er-
kaufen, oder durch die stehende Miliz die
Stimme des Vaterlandes zum schweigen zu
bringen. Andere, welche die Gewalt eines
Einzigen durchaus verschmähten, wählten die
popularische Verfassung. Aber sie fanden bald,
daß die Freyheit ein Gut sey, dessen nicht ein
jeder fähig ist, der sich erst kurz von dem
Verderben der Monarchie losgerissen, daß die
Geschäfte eines Volkes nicht allezeit vor der
versammelten Volksmenge können behandelt
werden. Zu diesem Ende wählten sie Vorsteher und Repräsentanten, die mit der Zeit
vergaßen, daß sie ihre Aufträge erst vom
Volk erhalten, und nicht in eignem, sondern
fremm-

fremden Namen sich zu versammeln berech-
tigt wären. Diese gründeten also eine Ari-
stocratie, in welcher die Klügern die Schwächern von Geschäfften nach und nach entfern-
ten, und also zur Oligarchie, und auf die
nemliche Art bald darauf zur Monarchie und
Despotismus zurückgiengen. Auf diese Art
war nun der ganze Zirkel von Staatsverände-
rungen durchloffen, bis endlich die Höfe durch
die Erfindung des Systems vom Gleichgewicht
der Staaten die Revolutionen erschwerten, und
dadurch sich das Recht ihre Untergebenen zu
drücken und nach Willkühr zu behandeln, erst
noch weiter befestigten. Dieses System des
Gleichgewichts ist unter den Fürsten der Welt
eine Art von stillschweigender Convention, sich
durch die Eifersucht der einen, und die Hilfe
der andern bey den großen innerlichen Zerrüttungen zu erhalten. Nunmehro brechen
Rebellionen und Revolutionen der Völker selt-
ner aus. Weil keiner dem andern den Besitz
eines durch sich verfallenen Reichs gönnet, so
erhalten sich solche noch bey all ihrer Schwäche: und wir sehen nicht so häufig, wie vordem, Staaten entstehen und vergehen, es
müßten dann zuvor mehrere der Stärkern sich
zum Raub und Vertheilung des sinkenden
Rei-

Reiches einverstanden haben: und Könige führen sich nun auf, wie unmoralische Menschen
im natürlichen Zustande. Mit dem Besitz des
ihrigen unzufrieden, begierig nach fremdem
Gut, lauern sie auf jede Gelegenheit und günstige Umstände, um ihre Nachbaren zu über-
vortheilen, sich zu vergrößern, Treu und
Glauben und Gerechtigkeit zu vergessen, und,
um mehr zu erhalten, sich und andere von
der Erde zu vertilgen. Dieses ist auch wirklich die äußerste Stuffe vom menschlichen Verderben, sich einander wechselsweise stillschweigend alle Ungerechtigkeiten gegen sein eignes
Volk zu garantiren; allgemeine Volks-Cor-
ruption zu begünstigen und zu wünschen, nur
aus dem Verderben des einen für sich Vortheil
zu ziehen. Und doch, o Natur und Vernunft!
wie groß, wie unwidersprechlich sind deine
Rechte! da, eben da, indem sich alles ver-
schworen, sich wechselsweise zu Grund zu richten, muß das Gift zum Rettungsmittel dienen. Weil man Unterdrückung begünstigt, so
hört solche auf, und die Vernunft fängt an,
in ihre Rechte zu tretten, da wo man sie
verdrängen will. Da jeder andere blenden
will, so muß doch wenigstens er sehen, sich
auf bessere Verfassung setzen, um über den

au-

andern Vortheil zu haben, und Vernunft und
Wissenschaft begünstigen, eben weil er sie bey
den andern verdrängen will. Dazu gehören
Köpfe und vernünftige Anstalten, die Aufklärung des einen befördert die Aufklärung des
andern, der sonst unterliegen würde. Könige
sehen es selbst ein, daß es nicht gut sey, über
eine Horde zu herrschen, der Druck fängt an
zu verschwinden, und die Freyheit steigt aus
ihrer Asche empor. Nun fängt die Gesetzge-
bung an, vernünftiger zu werden, nun blühet
das Eigenthum und Industrie. Nun giebt es
Väter und Kinder, die Aufklärung verbreitet
sich aus der schändlichen Absicht, listige Menschen zu bilden, um ein Mittel zur Befriedigung der Eroberungssucht der Könige, und
zur Unterdrückung anderer zu werden, durch
eine unerhörte Metamorphose, wieder durch
die Eroberungssucht der menschlichen Natur
und Vernunft abgenommen. Die Menschen
untersuchen ihre ursprünglichen Rechte, und
greifen endlich zu den so lang verkannten Mitteln, um die Gelegenheit zu benutzen, sich in
der Mittelzeit zu verstärken, auf diese Art
die bevorstehende Revolution des menschlichen
Geistes zu befördern, sich vor dem Rückfall
zu sichern, und über ihre bisherige Unter-

drücker

drücker einen ewigen Sieg zu erfechten. Aber
dieser Sieg würde von kurzer Dauer seyn,
die Menschen würden nur gar zu bald in ihre
vorige Erniedrigung zurückkehren; wenn nicht
die Vorsicht von uralten Zeiten vorgearbeitet,
und ihnen die dauerhaftesten Mittel dargeboten
hätte, die sich bis auf unsere Zeiten erhalten,
und die stille und sichere Triebfedern gewesen,
um dereinst die Erlösung des Menschengeschlechts zu bewirken.

Diese Mittel sind geheime Weisheits-
schulen, diese waren vor allzeit die Archive der Natur und der menschlichen Rechte, durch sie wird der Mensch von seinem Fall sich erholen, Fürsten und Nationen werden ohne Gewaltthätigkeit von der
Erde verschwinden, das Menschengeschlecht
wird dereinst Eine Familie, und die Welt
der Aufenthalt vernünftiger Menschen werden. Die Moral allein wird diese Veränderungen unmerkbar herbeyführen. Jeder
Hausvater wird dereinst, wie vordem
Abraham und die Patriarchen, der Priester und der unumschränkte Herr seiner
Familie, und die Vernunft das alleinige
Gesetzbuch der Menschen seyn.

Die

Dieses ist eines unsrer großen Geheimnisse» vernimm die Beweise davon, und sodann die Art, wie es auf uns gekommen.

Durch welchen tollen Wahn und Kurzsich» tigkeit haben sich doch Menschen vorstellen können, diese Welt und das Menschengeschlecht werde allzeit so, wie bishero auf die Art be» herrscht werden? Wer hat den Vorrath der Natur ergründet, und ihr, deren Gesetz Ein» heit in unendlicher Mannigfaltigkeit ist, hier die Gränzen angewiesen, und still zu stehen geboten? den alten Zirkel ewig zu durchlau» fen, sich ewig zu wiederholen, oder blos allein die physische Gränzen der Herrschaft zu ver» rücken, und von der Monarchie aus, nun nach vollendetem Laufe von solcher neuerdings anzufangen? Seit wann ist unser Unvermögen vorher zu sehen, in die entfernteste Zukunft zu blicken, zugleich ein Schranken für die un» aufhaltbare, sich einmal wiederholende Na» tur? Wer hat den Menschen, den besten, klügsten, aufgeklärtesten Menschen zur ewigen Knechtschaft verdammt? und den einzigen prädestinirten Knecht der Natur, oft den Schwächsten einer ganzen Nation, zur ewigen Herrschaft berufen? Das könnte nur der Ge» danke eines Fürsten seyn, oder dessen, der

Ehr»

Ehrgeiz genug hätte, die Herrschaft über andere besser zu verlangen. Warum soll das,
was bishero doch allzeit geschehen, warum
soll sich die politische Einrichtung nicht vielmehr nach der jedesmaligen Fähigkeit und Em-
pfänglichkeit der Menschen richten? Warum,
wenn der Grund aller Herrschaft hinwegfällt,
soll die unselige Folge stehen bleiben? Warum
soll es unmöglich seyn, daß das menschliche
Geschlecht zur höchsten Vollkommenheit, zur
Fähigkeit, sich selbst zu leiten, gelangen könne? warum soll der ewig geführt werden,
der sich selbst zu führen versteht? Sollte es
also unmöglich seyn, daß das menschliche Geschlecht, oder wenigstens der größte Theil dereinst volljährig werden? Kanns der eine, warum nicht auch der andere? Verfahrt mit dem
andern, wie mit dem ersten, zeigt ihm sein
wahres Interesse, lehrt ihn die große Kunst
zu begehren, die Herrschaft seiner Leidenschaften, lehrt ihn fleißig von Jugend auf, wie
nothwendig ein Mensch dem andern sey, daß
man, um keine Beleidigung zu erfahren, sich
auch der Beleidigung anderer enthalten, um
von andern Wohlthaten zu erhalten, auch
gegen andere wohlthätig seyn müsse. Verbreitet unter Menschen Duldsamkeit, Nachsicht,

ficht, Bescheidenheit, Liebe und Wohlwollen,
lehrt ihn das alles, macht es ihm durch
Gründe, Erfahrung, Beyspiel fühlbar, und
seht, ob dieser Mensch eines andern zu seiner
Leitung bedürfe. Oder sollten wohl die meisten Menschen zu schwach seyn, diese einfache
Grundsätze einzusehen, und sich davon zu überzeugen? O! dann ist es mit unserer Glückseligkeit vorbey! gebt euch keine weitere Mühe,
Menschen zu bessern und aufzuklären, für
welche die einfachsten durch die tägliche Erfahrung bestättigten Lehren der Vernunft schon
unbegreiflich sind; warum erzoget ihr sie zu
einer Religion, die für die einfachsten Stände
ist, und doch die nemliche Lehren und Pflichten, die in euern Augen Unmöglichkeiten sind,
verbreitet? O Vorurtheil und Widerspruch in
den Gedanken des Menschen! — Das Reich
der Vernunft, die Fähigkeit sich selbst zu leiten, soll für den grösten Theil der Menschen
eine Unmöglichkeit, ein Traum seyn, und auf
der andern Seite erkennt sie doch das Vorurtheil als den beschiedenen Erbtheil jedes Kö-
nigssohns, und der ganzen herrschenden Familie, so wie auch eines jeden andern, den
eigne Gnügsamkeit und günstige Umstände von
andern unabhängig gemacht? Also soll die
ganze

ganze Glückseligkeit des menschlichen Geschlechts
ein ewiges Theil des Ungefährs bleiben? Sie,
diese einzige Günstlinge des Glücks sollen das
schon als ein Vorrecht der Geburt besitzen,
was sie doch solten zeigen, und was bey uns
übrigen durch eine fatale Nothwendigkeit zur
Knechtschaft bestimmten, Vernunft und Moral
niemal zu bewirken im Stande wären? Ists
zu geringes Gefühl seiner Würde oder eigene
Kurzsichtigkeit, Unvermögen in die Zukunft zu
schauen, Vorurtheil gegen sein eigenes Geschlecht, oder Prävention für den Despotismus, der uns auf diese Gedanken verleitet:
oder sind wir schon gar zu tief unter unsere
Würde gesunken, daß wir unsere Ketten nicht
mehr fühlen, sie küssen, und sogar die ärgste
Erniedrigung ertragen, als nur den Gedanken zu wagen, nicht durch Rebellion und gewaltsame Abschüttelung des Jochs, sondern
durch Hilfe der Vernunft in die Freyheit zu
tretten? Also! weil es morgen noch nicht geschieht, so wird es auch niemalen geschehen?
laßt kurzsichtige Menschen daraus folgern,
was sie nur wollen, sie werden schließen und
schließen, und die Natur handelt, sie, die un-
erbittlich gegen derley eigennützige Forderungen ist, geht ungehindert ihren majestätischen
Gang

Gang fort; und an ihrer Hand sind wir berufen auf jenen großen Tag vorzuarbeiten. Es mag immerhin hinwegfallen, was mancher nicht wollte, daß es hinwegfiele, alles wird sich wieder von selbst ordnen, die Ungleichheit gleich werden, und nach dem Sturm wird die Stille erfolgen. Alle unsre Einwürfe beweisen am Ende nichts weiter, als daß wir an die dermalige Einrichtungen zu sehr gewohnt, zu einer Zeit, wo wir nicht mehr daran Theil haben, doch zu verliehren glauben: und wir läugnen vielleicht blos darum die Möglichkeit einer allgemeinen Unabhängigkeit, weil uns das Gegentheil vortheilhafter ist, oder vielleicht selbst noch hoffen, durch Recht oder Unrecht die Herrn und Gebieter von einer Heerde Menschen zu werden, und bey denen, so es wirklich sind, da gestehen wir es gern, daß die Beredsamkeit aller Redner Griechenlands und Roms kaum hinlänglich sey, sie von einer Wahrheit zu überführen, die mit ihren Wünschen und Erwartungen in widriger Beziehung stehet, denn es gehört tiefenmäßige Seelenstärke dazu, etwas auch gegen sein Interesse wahr zu finden: Hier erforsche sich jeder, ob er zu diesem Grab der Erleuchtung schon gekommen sey, dann erst werden ihm manche Dinge der Welt verständlicher werden. O Laßt

Laßt sie also lachen die Lacher, und spotten
die Spötter, wer den Gang der Natur in den
vorhergehenden Zeiten beobachtet, wer damit
das Gegenwärtige vergleicht, der wird finden,
daß solche unbetroffen, ihren unabänderlichen
Weg zu ihrem Ziel fortschreite. Dem Blicke
des ungeübten Denkers sind ihre Schritte unmerkbar, und nur dem unbefangenen Denker
anschaulich, dessen Arbeit es ist, in Jahrtausende hineinzublicken, und von dem hohen
Mastkorb fernes Land zu entdecken, wo es
der untenstehende Haufen noch nicht einmal
vermuthet. Das untrügliche Merkmal der er-
lauchtesten Größe des Geistes. — Wen also
die eben angeführten Gründe nicht überführen, der mag sich zu gänzlicher Ueberzeugung
noch folgende Grundsätze bekannt machen, dann
hoffe ich, soll auch er mit uns das Land in
der Ferne sehen, und dieses Land Kanaan heissen. Er wird in der Geschichte des jüdischen
Volkes die Geschichte des menschlichen Geschlechts finden, glücklich in ihrem ersten Ursprung, Familien-Regiment, patriarchalisches
Leben, unterdrückt in Egypten, und von da
aus flüchtig nach dem verheissenen Land, ir-
rend in der Wüste, endlich glückliche Zeiten
in Besitz ihres Landes, aber bald wieder un-

ter=

terjocht, bis aus ſeinem Mittel der Mann
erſchien, der der Befreyer ſeines Volks, und
des ganzen Menſchengeſchlechts geworden Dieſes iſt zugleich das kurze Bild unſrer erſten
Würde, unſerer nachmaligen Unterdrückung,
unſerer Wünſche und Hofnungen, unſerer mis-
lungenen Verſuche, und unſrer endlichen Erlö-
ſung. Hier ſtehen wir in der Mitte. Seine
heilige Moral muß die zweyte große Periode
vorbereiten, und mitten durch die nachfolgen-
den übrigen traurigen Erfahrungen uns zum
endlichen Ziel, zum 100jährigen *) ja ewigen
Reiche der Wahrheit und Freyheit führen.
Aber dazu gehören noch große Anſtalten, welche die gegenſeitigen Maſchinen nach und nach
unwirkſam machen müſſen. Von beyden wollen wir eine Zeichnung vorlegen. Wer Menſchen unterjochen und von ſich abhängig machen will, der erwecke unter ihnen Bedürfniſſe, deren Befriedigung ſie nur durch ihn erhalten können. Es iſt unbeſchreiblich, wie
feſt dieß unbedeutend ſcheinende Band iſt.
Brod, Taback, Caffe, Brandwein und dergl.
ſind die kräftigſten Maſchinen des Deſpoten,
wenn er ſeine ſchwere Hand darauf legt: Je
häufiger und lebhafter und dringender dieſe Be-

D 2   dürf-

*) Soll vielleicht heiſſen 1000jährigen.

dürfniſſe werden, je mehr werden ſie von ihm
abhangen: er verbreite unter ihnen Furcht,
Unwiſſenheit und Liebe zum ſinnlichen Vergnügen.

Je weniger eine Nation mit den Gemächlichkeiten des Lebens bekannt iſt, um ſo freyer
iſt ſie noch; ſo bald die Völker des Nordens
mit den Vergnügen des weichlichen Mittags
bekannt wurden, ſo gieng auch ihre Freyheit
verlohren. Weichliche Menſchen ſind die ab-
gängigſten von allen. Wer eine Nation, die
frey und wild iſt, unterjochen will, der mache
ſie weichlich und wollüſtig. Die Kaufmann-
ſchaft in ein Syſtem und in einen hierarchi-
ſchen Körper geformt, wäre vielleicht der
fürchterlichſte und deſpoteſte Körper, ſie wäre
die Geſetzgeberin der Welt, von ihr hieng es
vielleicht ab, dieſen oder jenen Theil der Welt
frey und unabhängig zu machen, einen andern in die Knechtſchaft zu führen; denn regieren heißt Bedürfniſſe erwecken, Bedürfniſſe
vorherſehen, Bedürfniſſe unterdrücken und
ſchwächen, und Bedürfniſſe befriedigen. Wer
kann das ſo gut, als ſie?

Vielleicht wäre es nicht unmöglich durch
vernünftige zweckmäßige Handels-Operatio-
nen den Völkern Sitten zu geben, oder zu
neh-

nehmen. Wenigstens hat die Entdeckung von
Amerika die Sittlichkeit von Europa verändert. Wer Mangel und Ueberfluß zweckmäßig
vertheilen kann, versteht zugleich die Kunst der
Industrie; und den Neigungen der Menschen
sowohl als Nationen eine andere Richtung zu
geben. Aber freylich müßte dieses Corps den
Erwerb der Reichthümer nicht zum Zweck,
sondern zum Mittel machen. Es müßte die
Kunst verstehen, nicht allzeit am Gelde zu gewinnen, sondern auch zuweilen mit Vorbe-
dacht zweckmäßig zu verliehren, um auf einer
andern Seite auf eine Art desto mehr zu gewinnen.

Wer alle Menschen frey machen will, der
vermindre ihre unedle Bedürfnisse, deren Befriedigung nicht in ihrer Gewalt ist: der mache sie aufgeklärt, muthig, und verschaffe ihnen strenge Sitten: der lehre sie Mäßigkeit,
Nüchternheit, und die große Kunst vernünftig
zu begehren. Wer den Menschen Mäßigkeit,
Genügsamkeit und Zufriedenheit mit ihrem
Stand predigt, ist den Thronen weit gefährlicher, als wenn er den Königsmord predigte.

Wer unter Menschen eine allgemeine und
dauerhafte Freyheit einzuführen gedenkt, der
kläre die meisten auf, und lehre, sich mit we-

nig.

nigem zu befriedigen: der erwecke vernünftige,
wechselseitige Bedürfnisse: der verhindere, daß
nicht um des Bedürfnisses willen zu viel einer
allein brauche, sonst entsteht bey den weni-
gern, die sie nicht brauchten, eben dadurch
ein neues Bedürfniß, Furcht vor seiner Macht.

Aufklärung des einen, um den andern in
    Irrthum zu erhalten, giebt Macht, und
    führet die Knechtschaft ein.

Aufklärung um andere wieder aufzuklären,
    giebt Freyheit.

Wer also allgemeine Freyheit einführen
will, der verbreite allgemeine Aufklärung:
aber Aufklärung heißt hier nicht Wort= sondern Sachenkenntniß, ist nicht die Kenntniß
von abstracten, speculativen, theoretischen
Kenntnissen, die den Geist aufblasen, und das
Herz um nichts bessern.

Aufklärung ist, zu wissen, was ich seye,
was andere seyn, was andere fordern, was
ich fordere: zu wissen, daß ich mir nicht allein erklecklich bin, daß ich ohne Hilfe meiner
Nebenmenschen nichts bin, sie als einen we-
sentlichen Theil meiner Glückseligkeit betrachten, ihren Beyfall, Gunst zu suchen, zu wissen, daß ich solchen nicht erhalte, ausser durch
Ausübungen, die ihnen nutzbar sind: zu wis-
                sen,

sen, daß wenn ich nichts für sie leiste, sie
auch entgegen nichts für mich übernehmen, seine
Prätensionen zu mäßigen; nachgiebig gegen
Fehler, tolerant gegen anderer Meynungen,
und mit seinem Schicksal zufrieden zu leben,
trauren mit dem Leid des andern, ihm helfen, wo man kann, und sich freuen über ihre
Freuden, so wie über seine eigene, seinen Ueberfluß zum Nutzen anderer verwenden: dieses
allein verdient Aufklärung zu heissen. Gebet
jedem Menschen diese Begriffe und Grundsätze.
Wie kann ich leiden, untergehen, wie ist es
möglich, daß ich ohne Hilfe zu Grund gehe?
Könnt ihr nicht allen Menschen auf einmal
diesen Grad der Aufklärung verschaffen, so
fangt ihr, wenigstens ihr besser unter euch selbst
an. Dient, helft, versichert euch wechselweis,
vermehrt eure Zahl, macht euch wenigstens
unabhängig, und laßt das übrige die Zeit und
eure Nachkommen thun. Habt ihr euch auf
eine gewisse Zahl durch euern Bund verstärkt,
so seyd ihr sicher, und fangt an mächtig und
fürchterlich zu werden, ihr fangt eben darum
an, bey dem Bösen fürchterlich zu werden,
viele von ihnen, um nicht zu unterliegen, werden von selbst gut werden, und zu eurer
Fahne übertretten. Nun seyd ihr stark genug,

nug, dem noch übrigen Rest die Hände zu binden, sie zu unterwerfen, und die Bosheit eher im Keime zu ersticken. Der Weg, die Aufklärung allgemein zu machen, ist nicht mit der ganzen Welt auf einmal anzufangen: fang erst mit dir an, dann wende dich an deinen Nächsten, und ihr Beyde klärt einen Dritten und Vierten auf, die sich so lang weiter verbreiten werden, bis die Zahl und Stärke die Macht geben.

Wer also allgemeine Aufklärung verbreitet, verschaft zugleich eben dadurch allgemeine wechselseitige Sicherheit, und allgemeine Aufklärung und Sicherheit machen Fürsten und Staaten entbehrlich. Oder wozu braucht man sie sodann?

Wenn diese Aufklärung ein Werk der Moral ist, so nimmt auch Aufklärung und Sicherheit zu, in dem Maaß, wie die Moral zunimmt. Die Moral ist also die Kunst, welche Menschen lehrt volljährig zu werden, der Vormundschaft los zu werden, in ihr männliches Alter zu tretten, und die Fürsten zu entbehren.

Wie die Weichlichkeit und der Luxus überhand nehmen, so nimmt auch die Moral, die wahre Aufklärung und die Sicherheit ab.

Weich-

Weichlichkeit macht die Fürsten nothwendig,
ein Kunstgrif, den alle Despoten gebraucht,
um National-Frenheit zu unterdrücken:
und kein Fürst kann den Luxus und das Verderben der Sitten verdrängen ohne seine
Macht zu entkräften. Verbannet aus der
Monarchie den Luxus und sein Gefolg, so
macht ihr es zur Democratie.

Wer Revolutionen bewürfen will, der ändre
die Sitten, er mache sie besser oder schlechter, so entsteht mit der Zeit eine Republik
oder ein despotischer Staat. Die Bestäti-
gung davon liegt in jeder Geschichte.

Wenns also unmöglich wäre, allgemeine Freyheit dereinst in die Welt einzuführen, so wäre es
darum unmöglich, weil die Moral, und die ein-
fachste auf die Erfahrung jedes Menschen gebaute Moral nicht allgemein werden kann. O! der
muß den Reiz der Tugend und die Macht der
Vernunft nicht kennen, er muß selbst in der Aufklärung zurück seyn, daß er so gering von seinem Wesen und von der ganzen menschlichen Natur denkt: er muß Verderben wünschen, weil er
das Verderben von Menschen untrennbar glaubt.
Konnte ichs oder er selbst, warum nicht ein anderer? Er thue nur das, was wir beyde gethan:
man konnte Menschen zum Tod, zu aller Art

von

von religiöfer und politifcher Schwärmerey, zur
Selbftpeinigung und zur Verzicht auf alle Freuden des Lebens hauffenweis bereden, fo bereden,
daß man ihnen Ruhe und Zufriedenheit nehme,
fobald man ihnen ihre Meynungen entzogen:
und die einzige wahre Leitung der Menfchen zu
ihrer Glückfeligkeit follte allein einer Unmöglichkeit unterworfen feyn? Die Menfchen find fo
bös nicht, als fie fchwarzgallichte Moraliften
befchreiben, fie find bös, weil man fie dazu
macht, weil fie alles dazu auffordert, Religion,
Staat, Umgang und böfes Beyfpiel. Sie würden gut feyn, wenn man fich die Mühe damit
geben wollte, wenn das Intereffe vieler nicht
zu fehr dabey gekränkt würde, wenn fich nicht
Alles verfchworen hätte, Menfchen bös zu erhalten, um feine darauf gebaute Macht zu erhalten.

Denkt von der menfchlichen Natur würdiger,
geht muthig an das Werk, und fchenet keine
Schwierigkeit. Macht die obige Grundfätze zu
Meynungen, und laßt fie in die Sitten überge-
hen: und endlich macht die Vernunft zur Religion der Menfchen, fo ift die Aufgabe aufgelößt,
ändert aber dabey nicht auf einmal die ganze
Welt, ändert zuerft die, fo euch die nächften
find, und wenn jeder feinen Nächften ändert,
fo werden alle geändert.

Wenn

Wenn dann die Moral, und die Moral ganz
allein diese große Veränderung hervorbringen
soll, dem Menschen seine Freiheit zu geben, das
große herrliche Reich, das Reich der Edeln zu
errichten, und Heucheley, Laster, Aberglauben
und Despotismus zu zerstören, so wird uns begreiflich, warum der Orden von seiner untersten Klasse an, die Sittenlehre, die Kenntniß
seiner selbst und anderer so gewaltig empfohlen, warum er jedem Neuling erlaubt, seinen
Freund herüber zu führen, um den Bund zu
verstärken, und eine Legion zu errichten, die
mit größerm Grund, als jene zu Theben, den
Namen der Heiligen und Unüberwindlichen füh-
ret, weil hier Freund an der Seite des Freun-
des fest an einander geschlossen, streitet, und
die Rechte der Menschheit, der ursprünglichen
Freyheit und Unabhängigkeit vertheidigt. Aber
die Moral, welche dieses bewirken soll, muß
sich nicht mit Spitzfindigkeiten abgeben, den
Menschen erniedrigen, und unter seine Würde
herabsetzen, sorgenlos gegen das Zeitliche machen, den Genuß und die unschuldigen Freuden
des Lebens verbieten, den Menschenhaß befördern, den Eigennutz ihrer Lehrer begünstigen,
Verfolgung und Intolerantismus gebieten, der
Vernunft widersprechen, den vernünftigen Gebrauch

brauch der Leidenschaften untersagen, Unthätigkeit, Müßiggang, Verschwendung der Güter an
heilige Müßiggänger als Tugend vorstellen, und
schon von Menschen gepeinigte Menschen mit
der Furcht der Hölle und des Teufels zur Klein-
muth und Verzweiflung verführen. Sie muß
dem Menschen keine Unmöglichkeiten aufbürden,
sondern das Joch, daß sie ihm auflegt, muß süß
und die Bürde leicht seyn.

Es muß vielmehr die so sehr verkannte, vom
Eigennutz misbrauchte, mit so vielen Zusätzen
vermehrte, und ihrem wahren Sinn nach, blos
in Geheim fortgepflanzte, und auf uns überlie-
ferte göttliche Lehre Jesu und seiner Jünger seyn.

Dieser unser große und unvergeßliche Meister Jesus von Nazareth erschien zu einer Zeit in
der Welt, wo solche in allgemeinem Verderbniß
lag, unter einem Volk, das den Druck der
Knechtschaft von undenklichen Zeiten am nach-
drücklichsten fühlte, und auf seinen von Propheten vorher verkündigten Erlöser hoffte, in
einem Lande, das in der Mitte der dermalen bekannten Welt lag. Dieses Volk lehrte er die
Lehre der Vernunft, und um sie desto wirksa-
mer zu machen, machte er sie zur Religion,
benutzte die Sage, die unter dem Volk gieng
und verband solche auf eine kluge Art mit der

der

dermal herrschenden Volksreligion und Gebräu-
chen, in welche er das innerliche und wesentliche seiner Lehre verborgen. Die ersten Anhänger seiner Lehre sind keine weise, sondern einfältige, aus der untersten Klasse des Volks her-
ausgewählte Männer, um zu zeigen, daß seine
Lehre allgemein für alle Klassen und Stände der
Menschen möglich und begreiflich seye: und daß
es kein ausschliessendes Vorrecht der Vornehmern seye, den Wahrheiten der Vernunft Beyfall zu geben, er zeigte nicht den Juden allein,
sondern dem ganzen menschlichen Geschlechte
durch die Beobachtung seiner Gebote den Weg zu
seiner Errettung, er handelt dieser Lehre durch
den unschuldigsten Lebenswandel in allem gemäß,
und versiegelt und bestättigt solche mit seinem
Blut und Tode.

Diese Gebote, die er als den Weg zur Rettung anzeigt, sind zwey einzige: Liebe Gottes,
und Liebe des Nächsten; mehr fordert er von
keinem. Diese Liebe gegen seines Gleichen hat
noch niemand vor ihm so reizend und liebenswürdig vorgetragen, wir sollen andre lieben,
so wie uns selbsten; so wie wir wollen, daß
die Menschen uns thun, so sollen wir ihnen
thun; und was wir nicht wollen, daß sie uns
thun, daß sollen wir auch nicht thun. Ein Gebot,

bot, daß die ganze Moral und das ganze Recht
in sich fasset. Aus der Liebe, so jemand zu den
andern trägt, soll man untrüglich erkennen,
daß dieser sein Jünger seye, und er verkündigt
diese Liebe als ein neues Gebot: er gebietet uns
anbey unsern Feinden zu vergeben, auf daß auch
uns vergeben werde. Und wer kann ohne innig-
stes Gefühl und Rührung die göttliche Vorschrift
von unserm Betragen bey Matth. 10. und 11.
Cap. durchlesen, ohne daß bey ihm der Gedanke entstehe, daß eine Welt, so gebildet, dem
Menschen die gröste Seligkeit seyn müste. Wenn
Jesus an eben dieser Stelle spricht, daß er nicht
gekommen sey, Frieden zu senden, sondern das
Schwerdt, und den Menschen zu erregen wider
seinen Vater, und die Töchter wider ihre Müt-
ter ꝛc. so will er dadurch diese natürliche Bande
nicht zertrennen, sondern nur das Unordentli-
che und Uebermäßige dieser Neigung mäßigen:
Man soll sie nur allein nicht mehr lieben, als
ihn, als seine Gebote; das heißt, diese Neigung
soll in ihrem Uebermaß nicht bis zur Beleidigung der übrigen Menschen getrieben werden:
und wenn Jesus die Verachtung der Reichthümer predigt, so will er uns vielmehr dadurch
derselben vernünftigen Gebrauch lehren, und zu
der von ihm eingeführten Gemeinschaft der Güter

ter vorbereiten: wir sollen solche nicht zu unserm Zwecke machen, wir sollen uns dadurch nicht zu dem schändlichen, und ungeselligen Geitz oder zur Verschwendung verleiten lassen, sondern unsern Ueberfluß zum Besten Anderer, derer, so es bedürfen, nach dem Gesetz der Liebe verwenden.

Niemand hat die Bande der menschlichen Gesellschaft so sehr in ihre richtige Gränzen zurückgeführt und befestigt: niemand so sehr zum wechselweisen Wohlwollen aufgefordert: niemand sich in den Begriff seiner Zuhörer so nahe hineingedacht und angeschlossen, und dabey den hohen Sinn seiner Lehre so klüglich verborgen: und niemand hat den Menschen den Weg zur Freyheit so sicher und so leicht gebahnt; als unser großer Meister Jesus von Nazareth.

Diesen geheimen Sinn und natürliche Folge seiner Lehre hat er zwar im Ganzen verborgen: denn Jesus hatte eine geheime Lehre, wie wir aus mehr, denn einer Stelle der Schrift ersehen.

Er sprach vor denen, die er nicht wollte, daß sie ihn ganz begreiffen sollten, in Gleichnissen: er verspricht seinen Jüngern den Geist der Wahrheit, welchen die Welt nicht empfangen kann: denn sie sieht ihn nicht, und kennt ihn

ihn nicht, sie aber die Jünger kennen ihn, denn
er bleibt bey ihnen und wird in ihnen seyn.
Und an einem andern Ort spricht er zu seinen
Jüngern: Euch ist gegeben, daß ihr das Ge=
heimniß des Himmelreichs vernehmt. Diesen
aber, die draussen sind, ists nicht gegeben. —
Mit sehenden Augen sehen sie nicht, und mit
hörenden Ohren hören sie nicht: denn sie ver=
stehen es nicht.

So geheim er aber auch den wahren Sinn
seiner Lehre vor der Menge gehalten, so hat er
solchen doch durch seine Reden und Thaten an
verschiedenen Stellen geoffenbart: er spricht be=
ständig von einem Reiche der Gerechten und
Frommen: von einem Reiche seines Vaters,
dessen Kinder er und wir sind: und weil wir
alle, hohe und niedrige, Kinder eines gemein=
schaftlichen Vaters Gottes sind, so will er, daß
wir uns als Brüder kennen und lieben. Durch
diese wahre innige Bruderliebe werden wir wah=
re Söhne Gottes, wenn wir diesen Willen des
Vaters thun. Da er es Allen that, und im ho=
hen Grade that, kannte er den Vater allein:
war allein sein geliebter eingebohrner Sohn:
Niemal hatten wir zuvor Gott unter dem süßen
Namen eines Vaters gekannt, niemal wurden
wir so deutlich belehrt, daß wir Brüder sind:

Durch

Durch ihn erfuhren wir, daß wir alle nur einen
Herrn unsern Gott haben: und dieser Herr ist
Vater: wir seine Söhne, Kinder, Brüder, wenn
wir seinen Willen thun. Er und der Vater ist
eines: denn sie hatten nur einen Willen: und
seine Werke beweisen es, daß er vom Vater gesandt seye, und daß ihm alle Macht gegeben worden. Der Glaub allein an ihn, an seinen Vater und seine Gebote macht unmögliche Dinge
möglich: durch den Glauben werden sich Gebür-
ge von ihrem Platz bewegen. Sein Reich leidet
Gewalt; denn man hat es mit Bestreitung seiner Leidenschaften zu thun: die dazu Stärke genug haben, sind die Gewaltigen, und diese allein werden es davon reißen. Man hat dabey
nicht allein mit sich, auch mit den Bösen, mit
dem Verderben der Welt zu kämpfen. Er leh-
ret uns die Kunst vernünftig zu begehren, indem er uns aufträgt, den Vater zu bitten, daß
nicht unser, sondern sein Wille geschehe: allen Erfolg als den Willen des Vaters anzusehen, und
uns im Unglück zu beruhigen, weil solches der
Einrichtung der Welt, dem Willen des Vaters
gemäß geschehen mußte. Er ertheilt die Gewalt zu binden und aufzulösen: er will eine Ge-
meinde errichten, gegen welche die Hölle nichts
vermögen soll; er hat andere Schafe, die nicht

E   aus

aus diesem Schafstalle sind : es wird eine Zeit
kommen, wo ein Hirt und ein Schafstall seyn
wird. In der Auferstehung werden alle gleich
seyn, wie die Engel Gottes. Er stellt uns die
Kinder als Muster vor wegen der Unschuld ihrer Sitten , und gebietet uns, wie sie zu werden, um ihnen ähnlich zu seyn. An einem andern Orte sagt er: so ihr bleiben werdet an meiner Rede, so seyd ihr meine rechte Jünger, und
werdet die Wahrheit erkennen, und die Wahrheit wird euch frey machen — Viele, die da die
ersten sind, werden die letzten, und die letzten die
ersten seyn. Niemalen konnt er es leiden, daß
einer unter den seinigen vornehmer seyn sollte,
als der andere. Ihr wisset, sagt er, daß die
weltliche Fürsten herrschen, und die Oberherrn
haben Gewalt. So soll es nicht seyn unter euch:
sondern so jemand unter euch will gewaltig seyn,
der seye ein Diener: und wer da will der Vornehmste seyn, der sey euer Knecht, gleichwie des
Menschensohn gekommen ist: nicht, daß er ihm
dienen lasse, sondern daß er diene und gebe sein
Leben zu einer Erlösung für Viele. Er selbsten
lebte mit seinen Jüngern in der Gleichheit der
Güter, die sich auch eine Zeitlang nach seinem
Tod noch in der Kirche zu Jerusalem erhielt. Als
er den Jüngern die Füße wusch, und sich Pe-

trus

trus weigerte, sprach er zu ihm: werde ich dich
nicht waschen, so hast du keinen Theil in mir.
Ihr heisset mich Meister und Herr, und sagt
recht daran, denn ich bins auch: so nun ich euer
Herr und Meister euch die Füße gewaschen habe, so sollt ihr auch euch unter einander die
Füße waschen. Ein Beyspiel habe ich euch gegeben, daß ihr thut, was ich euch gethan habe.
Wahrlich, wahrlich sag ich euch, der Knecht ist
nicht größer dann sein Herr, noch der Apostel
größer, dann der, der ihn gesandt hat. So ihr
solches wisset, selig seyd ihr, so ihr solches thut.

Wenn der geheime durch die Disciplinam Arcani aufbehalten, und durch seine Reden und
Thaten selbst hervorscheinende Zweck seiner Lehre war, den Menschen ihre ursprüngliche Freyheit und Gleichheit wieder zu geben, und ihnen
den Weg dazu zu bahnen, so werden nunmehro
viele vorhin unverständliche und widersprechende Dinge begreiflich und sehr natürlich. Nun
wird auch der, welcher an die Geheimnisse der
gewöhnlichen christlichen, von den Pfaffen verunstalteten Religionen nicht glaubt, und welchen man gewisse darunter verborgene, noch grös-
sere Geheimnisse vorerst nicht enthüllen darf,
doch kein Bedenken finden, Jesum den Erlöser
und Heiland der Welt zu nennen. Nun klärt

E2   sich

sich die Lehre von der Erbsünde, von dem Fall
der Menschen, von der Wiedergeburt auf. Nun
weiß man, was der Zustand der reinen Natur,
der Zustand der gefallenen Natur, und das Reich
der Gnade sey.   Da der Mensch aus dem Stande seiner ursprünglichen Freyheit getretten, so
hat er den Stand der Natur verlassen, und hat
an seiner Würde verlohren; indem er seinen ursprünglichen Leidenschaften und Trieben zu viel
aufgegeben, und seinen Gelüsten und sinnlichen
Begierden nicht widerstehen konnte.   Menschen
in Staaten leben also nicht mehr im Stande
der reinen, sondern der gefallenen Natur. Wenn
sie durch Mäßigung ihrer Leidenschaften, und
Beschränkung ihrer Bedürfnisse ihre ursprüngliche Würde wieder erhalten, so ist dieß ihre
Erlösung, der Zustand der Gnade.   Dazu gelangen sie vermittels der Sittenlehre: und die
vollkommenste dahin führende hat Jesus gelehrt.   Wenn diese Verbreitung der Moral,
die Lehre Jesu allgemein seyn wird, so entsteht
auf Erden das Reich der Frommen und Auserwählten.

' Dieß Reich ist uns in vielen Stellen der
Bibel vorher verkündigt, und muß gewiß er-
scheinen.   Man sehe nur die Stelle in dem
Buch, welches man die Apokalypse oder Offen-

barung

bärung Johannis nennt; darauf zielt das ganze 6te und 7te Cap., mahlt uns die ungeheuern
Mißbräuche, welche in die Welt durch die Staatsverfassungen eingedrungen sind. Wie die Menschen sich einander unterdrücken, erwürgen, be-
trügen, kränken, verfolgen, tyrannisiren. Das
8te und 9te Cap. schildert dagegen die Rächer der
Menschen, welche aber nichts, so das Siegel
Gottes an der Stirne trägt, antasten, sondern
nur die Tyranney bekämpfen werden. Jeder
wird unverletzt bleiben v. 20. Cap. 9. der nicht
seine Kniee gebeugt hat vor den Götzen. Diese
sollen (Cap. 10 v. 7.) vollenden das Geheimniß
Gottes. Alsdann wird sich alles umkehren
(Cap. 13. v. 10.) und wer Andere beleidigen will,
wird unterdrückt werden. Dann wird Cap. 15
v. 3. erfüllt, was der Dichter Moses gesaget
hat. Ferner Cap. 21, v. 1 und 12, 22. Cap. 23.
v. 3 u. 4. Cap. 3. v. 12. Cap. 14. v. 12. Selig
sind Cap. 19, v. 9. die das Liebesmal des Herrn
genossen haben. Nur diese Cap. 20, v. 6. hat
den Theil an dieser Auferstehung. Gott hat sie
zu Königen und Priestern gemacht, Cap. 5. v. 10.
und wir werden Könige auf Erden seyn. Jesus
hat uns Cap. 1, v. 5. 6. dieses Königreich bereitet, seinem königlich priesterlichen Geschlecht
die Erlösung errungen und eine bestimmte Zeit

der

der besten Erleuchtesten Cap. 4, v. 4. 5. mit Er-
kenntniß und Gewalt versehen.

Unzählig sind auch die Stellen der Schriften
in den alten Propheten, wo uns dieses goldne
Zeitalter verheissen wird. Allgemeine Aufklärung wird erst den Menschen den Zustand ihres
vorigen Elends und ihrer gegenwärtigen Glückseligkeit begreiflich machen. Sie werden einsehen, daß sie sich durch Entfernung von den
Vorschriften Jesu wieder unterwürfig machen.
Diese Aufklärung also, diese Gnade wird machen, daß die Menschen nicht mehr fallen, und
daß dieser Zustand fortdauern wird.

Diese drey Zustände werden in der Hieroglyphie unserer Freymaurerey durch den rohen
gespaltenen, und glatten Stein vorgestellt. Der
erste ist der erste Zustand des menschlichen Geschlechts im Stande der Wildheit. Der zweyte
die Hieroglyphie der gefallenen, abgewürdigten
Natur, des Menschen in Staaten, und dieser
mittlere Stein ist gespalten, weil in diesem Zustande das menschliche Geschlecht nicht mehr eine Familie ausmacht, sondern durch Verschie-
benheit der Regierung, Länder und Religionen
unter sich getheilt ist; so bald dieser gemachte
Unterschied verschwindet, sobald wird dieser ge-
haltene Stein wieder ganz. Und daher ist der

drit-

dritte die Hieroglyphie des Zustands von unsrer
zurückerhaltenen Würdigung unsers Geschlechts.
Der flammende Stern mit dem Buchstaben G.
ist die Aufklärung, die Gnade, Gratia, die uns
leuchtet auf unsern bisherigen Irrwegen. Die,
in welchen diese Gnade wirkt, sind die Erleuchteten, Illuminati: ein Name mit welchem in
der ersten Kirche alle Christen nach der Taufe,
hiemit alle Glaubigen belegt wurden.

. . Wäre man nun bey der Lehre Jesu und seiner Jünger getreu verblieben, so würden in kurzer Zeit alle Menschen zu ihrer Freyheit gelangt
seyn. Aber diese, wenn sie nicht durch die Disciplinam Arcani aufbehalten worden, wäre bald
gänzlich vergessen worden. Jesus selbst kündig-
te es schon vorhero, daß viele falsche Propheten entstehen werden: daß aber seine Lehre und
sein Wort dennoch ewig dauern werden: und
seine Auserwählte, die beynahe Gefahr gelaufen
wären, verführt zu werden, wird der Engel mit
der Posaune nach vielen ausgestandenen Trüb-
salen von allen 4 Winden her versammeln. Es
wird sodann eine neue Erde und ein neuer Himmel seyn. Bey den meisten Menschen gieng die
wahre Bedeutung verlohren: sie stritten sich über
Dinge, die sich zu unsrer Glückseligkeit gleichgültig verhalten. Eigennützige und herrschsüch-

ti-

zige Menschen mischten ihre Spißfündigkeiten
hinein: und die Geistlichkeit war der einzige
Stand, der sich die Unabhängigkeit zu verschaffen wußte. Das Rettungs-Mittel wurde zu
unserer Unterdrückung angewandt. Da entstand
dann das herrliche Ding die Theologie, das
Pfaffen- und Schurken-Regiment, das Pabstthum, der geistliche Despotismus. Dieser stieg
so hoch, daß die Thronen der Fürsten selbst ge-
waltthätig erschüttert wurden. Diese neue Gewalt und Unterdrückung war um so schreckli-
cher, je als sie sich sogar auf Meynungen und
Gedanken erstreckte. Bisher hatten die Menschen nicht, wie sie wollten, handeln können.
Nun durften sie auch nicht denken, was sie wollten. Nun wurde die Lehre Jesu Sophisterey,
Spekulation; man handelte nicht mehr, sondern
man speculirte. Man verfolgte sich darüber,
und es ward ein Gesetz der Religion, sich einander von der Erde zu vertilgen. Bis dorthin
hatten sich die Menschen blos in ihrem eigenen
Namen unterdrückt: nun sollte der Frevel und
Despotismus vollends so weit getrieben werden, daß sie sich im Namen Gottes unterdrück-
ten; und ein Mörder, Hurer und Betrüger,
der Transsubstantiation glaubte, hatte ein besseres Schicksal, als der redliche Tugendhafte

der unglücklicherweise nicht begreifen konnte,
wie ein Stück Mehlteig zugleich ein Stück Fleisch
seyn konnte. Die Menschen hatten von dem
allen den einzigen Vortheil, daß nunmehro das
Schicksal auch ihre vorhergehende Unterdrückung
betraf: und auf diese Art ist die Geschichte des
menschlichen Geschlechts die Geschichte der Usur-
pationen und der schmerzendsten Unterdrückun-
gen. Man kann sich vorstellen, daß das Schicksal der alten und neuen Anhänger Jesu, so
wie ihnen solcher es vorher gekündigt, elend
und traurig war. Sie mußten sich nunmehr
vielmal geheim halten. Sie verbargen daher
ihre ächte Lehre unter Hieroglyphen, sich
aber unter dem Namen anderer geheimer Gesellschaften; und dies um so mehr, als wirklich der große Haufen derer, die sich Christen nennen, gar keine Begriffe vom wahren
Geiste dieser heiligen Legion *) hat. Diese Vorsicht war denn auch öfter äußerer Verfolgungen wegen nöthig, und sie feyerten unter diesen Hieroglyphen das Andenken ihres großen
Lehrers, und erwarteten sehnlichst die Zeit,
wo sie in ihre erste Rechte und ursprüngliche
                                        Rei-

*) Im Mscpt. steht Legion; es scheint aber hier
   Religion heissen zu müssen, wenn gleich das
   Wort: Legion, auch sonst von dem Orden ge-
   braucht wird.

in dem Vorhofe des Heiligthums gesammelte unvollständige Kenntniß zu nutzen, und unter der Aehnlichkeit abgeborgter Gebräuche andere Menschen in ihren Erwartungen zu hintergehen, und zu ihren oft schändlichen Absichten als Werkzeuge ihres Eigennutzes und Ehrgeizes zu gebrauchen: Da bey diesen ihren Einrichtungen der Grund nicht tief gelegt wurde, um in die verdorbene Welt zu wirken: da ihnen der Zweck und das Geheimniß selbst noch verborgen war, und sie doch ihre Anhänger zu großen Erwartungen vorbereitet hatten, so verfielen sie in Ermanglung des Besseren, um die Entdeckung des Betrugs noch länger hinauszuschieben, auf verschiedene Wege. Sie erfanden Grade über Grade: sie suchten endlich den so natürlichen Hang des Menschen zum Wunderbaren zu reitzen, seine Einbildungskraft zu erhitzen, die Vernunft zu betäuben. Nun gaben Menschen, die sich mit andern doch sehr schlecht betrugen, so gar vor, mit unsichtbaren Wesen im vertrauten Umgang zu leben. Man sprach von Eingebungen, Offenbarung, Begeisterung. Man riß die gegen das Gegenwärtige schon ohnehin sorglose Menschen über solches hinweg, um in die Zukunft zu sehen: so gar die schädlich-

*)   von

von allen Neigungen, die Quelle der uner-
sättlichen Verschwendung, der Verderbniß der
Sitten, und des ungesellschaftlichen niederträchtigen Geizes, die Begierde nach Gold
wurde gereizt; alles alte hervorgesucht, und
nichts unversucht gelassen, um Unvernunft,
Aberglauben, Thorheiten, und schlechte Sitten zu verbreiten; die guten Arbeiter zu hindern, und die Menschen durch eine Art von
Betäubung gegen ihr Elend und Unglück fühl-
los zu machen. Hätten nicht noch die Edeln
und Auserwählten im Hinterhalt gestanden,
dem einbrechenden Verderben gewehrt, und
das krachende und sinkende Gebäude mit ihren
Schultern unterstützt, so wäre neues Verderben über das Menschengeschlecht hereingebro-
chen, und durch Regenten, Pfaffen und Freymaurer die Vernunft von der Erde verbannt
worden, und solche statt der Menschen mit
Tyrannen, Heuchlern, Mördern, Gespenstern
und Leichen und Menschen ähnlichen Thieren
überschwemmt worden. Und eben da uns diese
Beförderer der Finsterniß den Untergang zu-
gedacht, haben sie die Legion der Auserwählten um so mehr verstärkt, indem sie durch die
Nebenthore den einzigen Zutritt gegen den
Vorwitz, das Eindringen und die Verfolgung
der

der Unheiligen um so tiefer verborgen. Es
wäre sehr gefehlt zu glauben, daß dieser der
einzige Vortheil seye, den unsere Verbindung
und die Welt von diesen Aftergeburten zieht.
Wenn sie auch nicht zum Zweck gelangen, so
bereiten sie den Weg. Sie erwecken ein neues
Interesse: Sie öfnen neue vorher unbekannte
Aussichten: Sie erwecken den Erfindungsgeist,
und die Erwartung der Menschen; Sie machen gleichgültiger gegen das Interesse des
Staats, bringen Menschen von verschiedenen
Völkern und Religionen wieder zu einander
unter ein gemeinschaftliches Band, entziehen
den Arbeiten des Staats und der Kirche die
fähigsten Köpfe und Arbeiter, bringen Menschen zusammen, die sich vorhero nicht kannten, vielleicht einmal gekannt hätten; unter-
graben eben dadurch den Staat, wenn sie es
gleich nicht zum Zweck haben; stoßen und
reiben sich gegen einander; lehren die Menschen die Kraft vereinigter Kräfte einsehen,
das Unvollkommene ihrer bisherigen Verfassungen entdecken, machen durch das Unvollkommene, und so oft bekannt gemachte ihrer
Einrichtungen, daß der Gegentheil und öffentliche Regierung in sie kein Mistrauen setzen:
dienen einer bessern klügern Einrichtung zur

Maske,

Maske, und sezen uns dabey in Stand, ihre bessere, lange in der Irre geführte Menschen nach gehöriger Vorbereitung in unserm Schoos und Mittel zu vereinigen. Sie schwächen dahero den Feind, wenn sie ihn gleich nicht besiegen, und vermindern die Zahl und den Eifer seiner Streiter; Sie zerstreuen seinen Haufen, um den Angriff zu verhüten: und so wie die neue Verbindungen an der Zahl und Klugheit sich auf Unkosten der alten verstärken, so müssen diese nach und nach von selbsten zerfallen. Da noch überdas dieses Bestreben nach geheimen bessern Verbindungen in unserm unaufhörlich wirkenden Triebe zur Glückseligkeit und in dem Mangelhaften aller bisherigen alten Einrichtungen sich gründet, und natürlich und nothwendig daraus entstehen mußte, so ist alles Bestreben der Fürsten, ihren Fortgang zu hindern, gänzlich vergeblich. Dieser Funke kann noch lange Zeit gedeckt unter der Asche glimmen: aber er wird gewiß dereinst in helle Flammen ausbrechen: denn die Natur wird es müde, dieses alte Spiel stolz zu wiederholen; und selbst, je größer der Druck und die Verfolgung seyn werden, um so mehr werden Menschen es fühlen, und Aenderung suchen, und mit um so größerem

Fein-

Feinheit sie suchen: Dieser Saame zu einer
neuen Welt ist nunmehr unter Menschen ge-
worfen, er hat Wurzel geschlagen, und hat
sich zu allgemein verbreitet, als daß gewaltsame Ausrottung die Erndte verhindern könnte.
Alles, was noch geschehen kann, ist, daß die
Zeit der Erndte noch länger hinausgesetzt wird.
Vielleicht vergehen Jahrtausende oder hun-
derttausende darüber: aber früher oder später
muß die Natur doch ihr Tagwerk vollenden,
und unser Geschlecht zu der im ersten Anfang
schon vorbestimmten Würde erhöhen. Wir
aber verhalten uns dabey als Zuschauer und
Werkzeuge der Natur: beschleunigen keinen
Erfolg, und erlauben uns keine andere Mittel, als Aufklärung, Wohlwollen und Sitten
unter Menschen zu verbreiten: und des unfehlbaren Erfolgs gesichert, enthalten wir uns
aller gewaltsamen Mittel, und begnügen uns
damit, das Vergnügen und die Glückseligkeit
der Nachwelt schon so fern vorhergesehen, und
durch die unschuldigsten Mittel den Grund dazu gelegt zu haben. Wir beruhigen uns dabey
in unserm Gewissen gegen jeden Vorwurf, daß
wir den Umsturz und Verfall der Staaten
und Thronen eben so wenig veranlasset, als
der Staatsmann von dem Verfall seines Landes

des Ursach ist, weil er solchen ohne Möglichkeit der Rettung vorher sieht. Als fleißige
und genaue Beobachter der Natur verfolgen
und bewundern wir ihren unaufhaltbaren majestätischen Gang, freuen uns unsers Geschlechts,
und wünschen uns Glück, Menschen und Kinder Gottes zu seyn.

Bemerke aber genau und sorgfältig: wir
dringen dir diese Lehre nicht auf: folge niemand als der erkannten Wahrheit: gebrauche
als ein freyer Mensch auch hier und noch ferner
dein ursprüngliches Recht zu forschen, zu zweifeln, zu prüfen. Weist du oder findest du ir-
gendwo was besseres, so theile uns deine Einsichten mit, so wie wir dir nichts verhelen. Wir
schämen uns unserer Endlichkeit nicht. Wir wissen, daß wir Menschen sind; daß es das Werk
der Natur und der Antheil der Menschen seye,
nicht auf einmal das Beste zu erreichen, sondern Stuffenweis fortzurücken, durch unsere
Fehler klug zu werden, und die Einsichten unsrer Voreltern zu benutzen, um kluge Söhne zu
werden, die einst noch klügere Enkel zeugen sollen. Also, wenn dir dieses alles wahr scheinet,
so nimm alles: ist ein Irrthum darunter, so
macht er dich darum gewiß nicht schlechter. Gefällt dir nichts, so verwirf alles ungescheut, und

F den-

denke, vielleicht war manches nur Aufforderung
zum weitern Forschen. Gefällt dir das eine,
aber nicht das andere, so suche heraus das, was
dir gefällt. Wenn du ein Erleuchteter bist, so
dringt dein Blick gewiß dahin, wo die Wahrheit steckt: und du wirst unsre Art Menschen
zu belehren um so klüger finden, je näher du
der Entwicklung entgegen kommst.

Ritual zur weitern Aufnahme.

Nachdem dieser Unterricht hergelesen worden, geht eine Hinterthür auf, durch welche der
Freund des Kandidaten in priesterlicher Kleidung hereintritt. Diese Kleidung ist folgendergestalt: Ein weißes, wollenes bis auf die Schuhe reichendes, wie ein Hemd geschnittenes Gewand; der Schlitz ist vorn auf der Brust; am
Halse und unten an den weiten Ermeln wirds
mit feuerrothen seidenen Bändern zugebunden;
um den Leib geht ein seidener Gürtel von derselben rothen Farbe. Der Decanus allein hat noch
über dieses ein großes etwa einen Schuh langes
rothes Kreuz von dieser Form ✝ in sein Gewand
auf der linken Brust genäht. Alle tragen Pan-
toffeln, fliegende Haare und kleine viereckte rothe
samtne Hüte.

So

So bald der Freund eintritt und der Ritter
aufsteht, redet jener diesen folgendergestalt an:
„Ich bin hierher geschickt worden, Sie zu fragen, ob Sie alles wohl verstanden haben, was
man Ihnen so eben vorgelesen hat?" (Der Kandidat beantwortet dies) „Haben Sie Anstoß
oder Zweifel bey irgend einem dieser Sätze gefunden?" (Er antwortet, und man hebt ihm
die Zweifel) „Ist Ihr Herz von der Heiligkeit
dieser Wahrheit durchdrungen? fühlen Sie Be-
ruf, Stärke des Geistes, guten Willen, Uneigennützigkeit genug, dieß große Werk anzugreifen?
Wollen Sie sich dabey ohne Willkühr der Führung unserer Erl. Obern überlassen? (Er beantwortet dies) „So folgen Sie mir denn! (Der
Priester hebt mit Anstand das Kissen, worauf
die priesterlichen Kleider liegen, auf, und trägt
es feyerlich auf seinen Armen vor dem Ritter
her, welcher mit gezogenem Degen und bedeck-
tem Haupte folgt).

Wenn sie vor die Thür des Versammlungs-
Zimmers kommen, bedeutet der Freund den Kandidaten, er solle seine Schuhe aus, und dagegen
die Priesterschuhe, welche er ihm überreicht, anziehen. Wenn dies geschehen, giebt der Priester
ein Zeichen, die beiden Flügel der Thüre öfnen
sich, und man sieht den Decanus vor einem klei-

nen roth bedeckten Altare drey Stuffen hoch ſtehen.　Das Zimmer iſt roth tapeziert.　Ueber
dem Altare hängt oder ſteht ein gemahltes oder
geſchnitztes Crucifix.　Auf dem Altar liegt auf
einem Pulte das Ritualbuch, eine Bibel roth
eingebunden; dabey ſteht ein kleiner gläſerner
Teller mit Honig, nebſt einem gläſernen Löffelchen, ein gläſernes Gefäß voll Milch, nebſt einem Trinkgläschen, und ein kleines Fläschgen voll
wohlriechenden Oels.　Eine brennende heilige
Lampe hängt über dem Haupt des Decanus, der
mit dem Geſicht nach dem Altar hin, alſo gegen
Morgen gekehrt ſteht, die Presbyter ſitzen zu
beiden Seiten auf rothen gepolſterten Bänken;
die Acolythi ſtehen; die höhern Obern aber ſitzen
zu beiden Seiten des Altars.　Es können auch
dienende Brüder (Layenbrüder) angenommen
werden, welche nur auf die Verſchwiegenheit
beeidigt, und ſchwarze Kleider von demſelben
Schnitte, wie die Prieſter, tragen, mit ent-
blößtem Haupte gehen, und bey der Thür ihren
Platz haben.

　　Wenn die Thür wieder verſchloſſen iſt, ſo
geht die Feyerlichkeit an.　Der Führer des Kandidaten legt ehrerbietig das Kiſſen mit den Klei-
dern auf die mittelſte Stuffe zu beyden Seiten
des Decanus.　Der Führer aber geht zurück
　　　　　　　　　　　　　　　　　　　an

an die Thür und ſtellt ſich neben dem Ritter zur
linken Seite. Der Decanus wendet ſich herum
gegen den Kandidaten.

Decanus (hebt die Hände in die Höhe) Frie-
de ſey mit Euch!

Die Aßiſtenten: Heil und Segen den Königen und Prieſtern des neuen Bundes!

Introductor: Herr höre mein Rede!

Decanus: Was verlangſt du?

Introductor: Siehe auf mich herab, Hoch-
würdiger! Ich führe einen Schottiſchen Ritter,
einen treuen, erleuchteten Bruder zu dir, der
nach Freyheit und Licht ſeufzet. Laß ihn zum
Altar treten, daß er zubereitet werde zu dienen,
im Tempel des wahren Lichts.

Decanus: Ritter! der du das Zeichen der
Auserwählten an deiner Stirne trägſt! Wende
zum letztenmal dein Geſicht gegen Abend, woher du gekommen, und antworte mir!

Unterdeſſen holt ein Akolyth, oder Layen-
bruder ein Rauchfaß und ein Gefäß voll
Weihrauch, hält es dem Decanus vor, welcher das Rauchwerk auf die Kohlen wirft,
in der Form eines Kreuzes dreymal Rauch
verbreitet, es dann zurückgiebt, und indeß
der Ritter umgewendet hat, während des
Räucherns ſpricht:

Ente

Entsagst du den Feinden des Menschengeschlechts, dem Geiste der Verführung und böser Lüste, dem Geiste der Unterbrückung und
Verblendung? (der Kandidat antwortet)—
Soll dich Fluch und Schande treffen, wenn
du je abtrünnig wirst, wenn du je dem Laster
der Bosheit und Dummheit frohnest! (der
Kandidat antwortet) So lege dann deine
maurerische Hülle ab!

Er legt Hut, Degen, Schürze und Band ab.
Trete herzu, Erleuchteter! und kniee nieder
in heiliger Ehrfurcht vor dem Allerhöchsten
unbegreiflichen Wesen, das in uns lebt und
durch seine treue Diener wirkt.

Der Kandidat knieet auf die unterste Stufe
des Altars, die beiden Aßistenten treten ihm
zu beiden Seiten.

Sieh hier das Bild (er zeigt aufs Crucifix)
unsers unvergeßlichen Meisters und Erlösers;
sey seiner Lehre treu bis zu dem letzten Augenblick deines Lebens.

Die Aßistenten hängen ihm das Kleid an.
Ziehe an das Kleid der Unschuld, in welchem
du einst stehen wirst in priesterlicher Würde
am großen Tage des Gerichts über das Menschengeschlecht, zu verkündigen das Wunder
der Erlösung unsers Herrn und Heilandes
Jesu Christi.   Sie

Sie legen ihm den Gürtel an.

> Ich umgürte dich mit dem heiligen Gürtel,
> daß du geweihet seyst und bewafnet gegen den
> Rath der Gottlosen.

Sie binden ihm die Haare los.

> Ich löse deine Haare, sey frey und wirf die
> Fesseln von dir.

Der Decan schneidet mit einer kleinen Schee-
re oben auf dem Wirbel des Hauptes ein wenig Haar ab.

> Das Licht der Weisheit umstrahle dich, daß
> du um dich her den Haufen der Bessern er-
> leuchtest.

Er tröpfelt ein paar Tropfen wohlriechendes
Oel auf den Wirbel des Haupts und reibt
dies in Form eines Kreuzes mit dem Finger
ein.

> Ich salbe dich zu einem Priester des neuen
> Bundes. Der Geist des Erkenntnisses er-
> leuchte dich und deine Brüder.

Er setzt ihm den Hut auf.

> Bedecke dein Haupt mit dem priesterlichen
> Hute, der mehr als eine Krone werth ist.

Er reicht ihm mit dem größern Löffelchen
ein wenig Honig zu essen.

> Zum Zeugniß unsers Bundes genieße dieses
> Honigs ein wenig.

Er

ſchaften den Anfang machen muß, ehe wir dahin gelangen können, der Welt höhere Kenntniſſe, tiefere Einſichten in Wahrheiten von denen ſie ſich ſo weit entfernt hat, mittheilen zu
können.

Sie werden nun auch leicht glauben, daß
Geſellſchaften, welche allerley Leute aufnehmen,
und mit denſelben ſogleich myſtiſche, ſpeculativi-
ſche Wiſſenſchaften treiben, jedem Weiſen verdächtig ſcheinen müſſen, weil ſie theils Menſchen
Lehrſätze aufdringen wollen, deren Wahrheit man
nicht mit Zuverſicht glauben kann, wenn uns
die Mittelſätze fehlen, die auch oft nur auf will-
kührlichen Vorausſetzungen beruhen, und dann,
weil überhaupt nicht alle Menſchen gemacht ſind,
Philoſophen zu werden, und ſich den Arbeiten,
welche das gemeine Beſte mit Recht von ihnen
fordern kann, zu entziehen.

Deswegen nun müſſen ſich unſre Mitglieder,
wenns ihnen wahrhaftig ein Ernſt iſt, etwas
für die Welt zu thun, wären ſie auch noch ſo
aufgeklärt, nicht verdrieſſen laſſen, zu den kleinern Anſtalten der unterſten Klaſſen die Hände
zu bieten. Entſagen Sie daher vorerſt (dieſe
Probe müſſen wir von Ihnen verlangen) allen
Anſprüchen auf Regierung, und widmen ſich
eine Zeit lang der Direction ihres wiſſenſchaft-
                                        lichen

lichen Faches. Hier empfangen Sie die Anweiſ
ſung dazu.

Inſtruction
für den erſten Grad der Prieſterklaſſe.

I. Die Prieſter dieſer Klaſſe ſind die Vor-
ſteher der kleinen evateriſchen Myſterien. Sie
heiſſen *Presbyteri* , und ihr Oberer *Decanus.*
Den Schottiſchen Rittern aber dürfen ſie unter
dieſem Namen nicht bekannt ſeyn. Wenn's daher hie und da nöthig iſt, von den Myſterien-
Klaſſen zu reden, ſo nennt man die Eingeweih-
ten mit dem in heydniſchen Zeiten üblich gewe-
ſenen Titel: Epopten, und einen Obern der
Myſterien: Hierophant.

II. Die Verſammlungen dieſes Grabes heißen
Synoden.

III. Alle zerſtreuten Presbyter einer Provinz machen zuſammen nur eine Synode aus.
Es dürfen aber in jeder Provinz auſſer dem
Decanus, den Präfecten der Kapitel und den
höhern Obern, welche den Verſammlungen
beyzuwohnen das Recht haben, nur 9 Presbyter ſich befinden. Davon ſind 7 die Vorſte-
her der 7 wiſſenſchaftlichen Hauptfächer, und
die andern beyden die Secretarien und Gehülfen des Decani und der Synoden, übernehmen auch die auſſerordentlichen Arbeiten u. ſ. f.—

IV.

IV. Da die Presbyter durchaus mit den weltlichen Geschäften nichts mehr zu thun haben, so müssen sie ihre ganze Aufmerksamkeit auf Vervollkommung ihres Faches wenden. In dem ihnen nun die besten Ausarbeitungen der Minervalen zugeschickt werden, so giebt dieß ihnen Gelegenheit, die fähigsten Köpfe im O. kennen zu lernen. So wie also jemand in die untern Grade aufgenommen wird, und sich zu einer Wissenschaft oder Kunst bekennet, so läßt der Provinzial davon dem Decano Anzeige thun. Dieser giebt dem Priester, welcher diesem Fache vorsteht, Nachricht davon, und derselbe notirt sich den neuen Arbeiter, der alsdenn, ohne es zu wissen, unter ihm mit den übrigen Arbeitern derselben Wissenschaft in der Provinz ein Ganzes, eine gelehrte Facultät ausmacht.

V. Jeder Priester sorgt also für eine hinlängliche Anzahl Unterarbeiter in seinem Fache und stellt eine Art von Facultät her. Die Leute müssen unter ihm arbeiten und forschen. Da nun alle scientifische Anfragen in eben dem Fach an ihn kommen, und er die Leute befriedigen muß; so liegt ihm ob, sich zu bemühen, feste Systeme herzustellen, und durch die Untergebenen das noch Dunkle und Ungewisse

erläutern, erforschen und berichtigen zu lassen.

VI. Wo seine und seiner Schüler Kenntnisse nicht hinreichen, da soll er auch die Meynung fremder Gelehrten außer dem O. zu Ra-
the ziehen, und dieselben also, ohne daß sie
es bemerken, zum Nutzen des Ordens in Bewegung setzen. Nicht so leicht soll er sich an
die höhern Obern wenden, sondern so viel
möglich die Fragenden aus eigenem Schatze
befriedigen, um denen mit ungeheurer Arbeit
ohnehin schon beladenen Obern die Last nicht
zu erschweren. Will dies alles aber nicht genug thun, so bittet er den Decan der Provinzial-Obern, der alsdann in andern Provinzen Nachfrage veranlaßt. Nur in wichtigen Fällen, und wenn dies alles nicht hinreicht,
nimmt man seine Zuflucht zu den höhern Obern.
Ueberhaupt geht aber alles, auch das geringste,
durch die Hände des Decani, und steht ein
einzelner Priester mit den Versammlungen in
keinem Briefwechsel.

VII. Man soll sich sehr viel Fragen noti-
ren, deren Erläuterung wichtig ist, und welche
einst könnten aufgeworfen werden, z. E. im
Fache der practischen Philosophie die Fragen:
„In wie fern ist der Satz wahr, daß alles,
was

was zu einem guten Zwecke führt, auch ein
erlaubtes Mittel sey? Wie muß der Satz be-
schränkt werden, um zwischen jesuitischen Misbrauch, und ängstlicher Vorurtheils-Sclave-
rey hindurchzugehen u. s. f. Solche und ähnliche Fragen schickt man denn an den Decan,
der sie unter die verschiednen Minervalkirchen
austheilt, wodurch die Zöglinge beschäftigt
werden, und manche neue, kühne, brauchbare
Idee in unser Magazin kommt.

VIII. Soll nun also in einer Provinz diese
Priesterklasse neu errichtet werden, so muß
man kein Mittel unversucht lassen, um so für
die Wissenschaften zu sorgen, als wenn der
Orden scientificis noch nichts geleistet hätte.
Zu Vermehrung und Reinigung der menschlichen Kenntnisse kann nicht genug geschehen;
man wird damit nie fertig. Also muß hier
jeder sein Scherflein beytragen. Fehlt es an
Haupterläuterungen, so werden solche von den
Hochw. E. Obern nicht versagt werden. Aber
man muß nicht blos anderer Menschen Weisheit verzehren wollen, sondern auch selbst den
gehäuften Schatz zu vermehren trachten.

IX. Daher soll der Priesterstand unter
Anführung des Decani und dem Schutze des
Provinzials den Orden in der Provinz auf ei-
nen

nen ſolchen Fuß ſetzen, daß es ihm nicht nur
in keinem Fache an geſchickten und erfahrnen
Männern mangle, ſondern daß auch

1) junge Leute zum Beobachtungsgeiſte gewöhnt;

2) Facta und ungezweifelte Beobachtungen in
   Menge geſammlet;

3) dieſe gehörig unterſucht, verglichen, benutzt
   werden, und zwar auf ſolche Art daß

4) der Orden die bisherigen Syſteme entbehren, und eigene — auf die Natur allein ge-
   gründete Syſteme ſeinen Anhängern vorlegen könne.

5) Daß er in allen Fächern Erfinder habe.

6) Daß in ſeinem Schooſe ein Vorrath der
   tiefſten und verborgenſten Weisheit ruhe,

7) der Orden der übrigen profanen Welt nothwendig, ſich aber dieſelbe im Gegentheil entbehrlich mache,

8) damit er dann das durch die Arbeit und
   Weisheit ſeiner Mitglieder erworbene Licht
   austheilen könne, an wen er will.

X. Den Beobachtungsgeiſt zu verbreiten,
muß man ſchon in der Minervalklaſſe anfangen.

1) Die Leute müſſen unterrichtet werden, daß
   in der Natur nichts klein, nichts unbedeutend iſt.

2) Es müſſen alle Mitglieder zu den verſchiede-
nen Wiſſenſchaften, zu welchen ſie Luſt und
Anlage haben, und in welchen ſie beobachten
ſollen und wollen, abgetheilt werden.

3) Man muß daher in ſeiner Provinz folgende
Fragen zur Beantwortung aufwerfen, und
die beſten Arbeiten mit Beförderung, Geld
und auf andere Art belohnen. Dabey merke
man wohl, daß niemand zu einer höhern
Klaſſe ſoll befördert werden, er habe denn
dem Orden in dieſem oder einem andern
Fache einen würdigen Dienſt geleiſtet. Die
Fragen ſind folgende:

A) Was iſt der Beobachtungsgeiſt?

B) Wie wird er erworben, und wie werden
gute Beobachter gebildet?

C) Wie muß man genau und richtig beobachten?

4) Iſt das Syſtem vom Beobachtungsgeiſte im
allgemeinen hergeſtellt, dann wirft der Decanus unter Anweiſung des Provinzials dieſelben Fragen für jede der abgetheilten Klaſſen der kleinen Myſterien auf.

XI. Dieſe Klaſſen nun ſind

1) die phyſicaliſche und zwar

A) Optik, Dioptrik, Katoptrik.

B) Hydraulik, Hydroſtatik.

C)

C) Electricität, Centralkräfte, Magnetismus, Attraction.

D) Experimental-Physik auf Luft und andere Objecte.

2) Die medicinische Klasse, wohin gehört

A) Anatomie,

B) Bemerkungen über Krankheiten, über Arzneymittel, Semiotik.

C) Wundarzney, Hebammenkunst, chirurgische Operationen.

D) Chymie.

3) Mathematische Klasse, dahin nemlich

A) gemeine und höhere Rechenkunst, Algebra.

B) Reine Mathematik, Civil-Militair- und Schiffsbaukunst.

C) Mechanik.

D) Sphären-Lehre, Astronomie ꝛc.

4) Für die Naturhistorie, als

A) Ackerbau, Gärtnerey, Haushaltungskunst.

B) Thierreich, vom kleinsten Insecte an bis zum Menschen.

C) Erdarten, Steine, Metalle.

D) Kenntniß der Wirkungen, und unbekannte Phänomene, die der Erdkörper zeigt.

5) Politische Klasse, dahin gehört

G   A)

A) Menschenkenntuiß, wozu die großen Illuminaten Materialien liefern.

B) Geschichte, Erdbeschreibung, gelehrte
Geschichte, dahin auch die Lebensläufe der
Männer, deren Namen man trägt, ab-
geliefert werden.

C) Alterthümer, Diplomatik.

D) Politische Geschichte des Ordens, seine
Schicksale, Fortschritte, Wirkungen, Un-
fälle in jeder Provinz, Kampf mit andern
ihm entgegen arbeitenden Gesellschaften.
NB. hievon soll vorzüglich geredet werden.

6) Künste und Handwerker, nemlich

A) Mahler- Bildhauer- Ton- Tanz-Kunst.

B) Redner- und Dichtkunst, lebende Sprachen, lateinisch und griechisch.

C) Uebrige schöne Wissenschaften, Litteratur.

D) Handwerker.

7) Geheime Wissenschaften und besondre Kenntnisse.

A) Seltne Sprachen, orientalische Sprachen.

B) Kenntnisse geheimer Schreibarten, solche
zu entziefern, Pettschaften zu erbrechen,
und für das Erbrechen zu bewahren.

C)

C) Hieroglyphen, alte und neue.

D) Kenntniß geheimer Verbindungen, Frey-
maurer-Systeme ꝛc. wohin auch die Bemerkungen und Sammlungen der Schottischen Ritter übergeben werden.

XII. Die eingelaufnen Abhandlungen werden sämmtlich von dem Decan den fähigsten
aus der Klasse gegeben, die den schärfsten phi-
losophischen Geist, die feinste Unterscheidungs-
kraft und den Esprit de detail haben, um
aus allem das Beste zu ziehen, und ein or-
dentliches weitläufiges System über den Beobachtungsgeist zu entwerfen. Der Decan
schickt dem Provinzial diesen Entwurf seiner
Provinz, und von da geht er an den National. — Der National ist dann angewiesen,
das weitere zu besorgen, und demnächst bekommt der Provinzial das vollständige System über den Beobachtungsgeist zugeschickt.
Dies theilt er unter seine Versammlung aus,
läßt in der Minervalklasse darüber den fähigsten Männern Unterricht ertheilen, die Leute
zum Beobachten anführen und darinn üben. —
Ueberhaupt soll man sich diesen Kunstgrif merken, von den Untergebenen und Unerfahrnen
denen Höhern und Denkern gute Materialien
zum Bearbeiten in die Hände liefern zu lassen.

G 2   XIII.

XIII. Haben die Mitglieder zum Beobachten die gehörige Anleitung erhalten, so werden von den Directoren der verschiedenen Fächer die Materien und Aufgaben zum Beobachten ausgeschickt. Hier kann man der Direction nicht genug anmerken:

1. daß von der Feinheit und Nutzbarkeit der Aufgabe alles abhängt.

2. Daß also lauter practische Materien zur Beobachtung ausgesetzt werden müssen.

3. Daß eine bestimmte Materie nicht im Allgemeinen, sondern sehr individuell aufgeworfen werde.

4. Daß, wenn ja noch in der Auflösung etwas dunkel, oder einer weitern Auflösung und Beobachtung nöthig haben möchte, eine neue Aufgabe so viel und so lange daraus gemacht werde, bis die Materie in ihren kleinsten Theilen erschöpft ist.

XIV. Da dem menschlichen Geschlechte am Leben und der Gesundheit, dem Orden aber an Erhaltung seiner theuersten Mitbrüder so unendlich viel gelegen ist, so kann der Orden seine Sorgfalt nicht genug ausdrücken, und muß alle Aerzte zu Erfüllung dieser heiligen Pflicht aufs nachdrücklichste auffordern. Denket, daß es in euern Händen steht, ein einziges

ziges hofnungsvolles Kind, einem Sohn seine
Eltern, dem Vaterlande einen guten Bürger,
und der Welt einen edeln Menschen zu geben
oder zu nehmen; denkt, daß alles Gute, aller
Schade, der daraus entsteht, euer Werk ist.
(Zu diesem Endzweck soll der Decan jeden unsrer Aerzte auffordern

1. über die Semiotik zu beobachten,

2. über die Krankheiten insbesondre, denen
   der gröste Theil des Menschengeschlechts
   unterworfen ist, und welche noch bisher
   keiner gewissen unfehlbaren Kurart unterworfen sind;

3. vor allen aber über die so sehr unverant-
   wortlich vernachläßigten Kinderkrankhei-
   ten;

4. über die Kräfte und Wirkungen gewisser
   nußbarer Medicamente.

5. Es soll jedem Arzte aufgetragen werden,
   seine ganze Lebenszeit hindurch, neben seiner gewöhnlichen Praxis, seinen ganzen
   Beobachtungsgeist auf eine gewisse Krankheit, ein gewisses Zeichen, ein gewisses
   Arzneymittel zu verwenden, und alle Beobachtungen zu Papier zu bringen. Je
   individueller die Krankheit, das System,
   das Medicament ist, um desto verdienst-
   voller ist die Arbeit.   6. Alle

6. Alle medicinische Beobachter werden daher ersucht

A. ihre Beobachtungen auch an Gesunden schon anzufangen, und sich einen indivi-duellen Menschen ganz durchzudenken, auch die Anlagen zu bemerken, im gesunden Zustande Krankheiten vorherzusehen; denn diese Dispositionen haben schon ihre mehr oder weniger zu bemerkenden Symptome.

B. Die Geschichte, die Philosophie eines bestimmten Symptoms zu liefern.

C. Bey Krankheiten auf das genaueste das gemeinschaftliche, und wieder das ent-scheidend speculativische der Zeichen zu stu-diren.

D. Den Sitz der Krankheiten nicht allezeit blos im Körper, sondern auch in der Seele, in den Leidenschaften, im Alter, im Geschlechte, in der Lebensart, im Tem-peramente, in der Leibesgestalt, Nahrung, Jahrszeit, in den Ausschweifungen der Jugend zu suchen.

E. Zu erforschen, aus wie viel Ursachen die-selbe Krankheit entstanden, und bey Men-schen überhaupt entstehen kann. Da nun die nemliche Krankheit, die aus verschie-denen Ursachen entstehen kann, auch ver-

schie-

schiebene mit der Ursache korrespondirende
äusserliche sichtbare Wirkungen hervorbringen kann; so muß er hier vorzüglich diejenigen Zeichen zu entdecken suchen, welche
nur diese und keine andre Ursache anzeigen.

F. Auf den Sitz der Krankheit, auf den lo-
cus affectus.

    a. in der Seele oder im Körper,

    b. in den vesten oder flüßigen Theilen
    u. s. f.

G. Nicht nur auf die Qualität der Arzney
allein, sondern auch auf deren Quantität.

H. Ob er sich sicher auf das Medicament
verlassen kann, ob hier nicht der Geiz,
Wucher oder Nachläßigkeit der Apotheker
etwas versehen, oder gar fremde Dinge
darunter gemischt habe. Er muß von der
Reinigkeit, von der gehörigen Zuberei-
tung des Medicaments Augenzeuge seyn,
wenn er diese als Beobachtung geben will.
Er muß das Medicament nicht aus Büchern, sondern immer auch dabey aus eigner Erfahrung kennen.

I. Er muß gewiß wissen, daß der Tod oder
die Gesundheit eine unfehlbare Wirkung seiner

ner Arzney sey. Mithin muß er gewiß
seyn

a. daß ihn der Kranke nicht hintergehe

b. nichts nebenher brauche.

c. dies und nichts anders bekommen habe, als was er ihm verordnet hatte.

K. Hat er eine Erfahrung gemacht, so muß
er solche wiederholen, unter allen möglichen Umständen wiederholen, damit er
wisse, daß die Wirkung unausbleiblich
sicher sey, inwiefern die Wirkung unter
diesen Umständen und Zusätzen geändert
worden. Hier liegt der wichtigste Gegenstand der Beobachtung.

L. Müssen seine Systeme nicht auf die Natur gepfropft werden. Er muß die Natur selbst suchen.

Der medicinische Director setzt also mit jedem
Jahre ein Zeichen, eine Krankheit, eine Arzney zur Beobachtung aus. Mit Ende des
Jahrs werden alle eingesendeten Beobachtungen an den Decan übergeben, in ein Ganzes
gesetzt, und darauf entweder zu einer noch
nähern Prüfung ausgeschickt, um es noch näher zu bestimmen, oder das Resultat in den
Real - Katalogus einzutragen.

XV.

XV. Mit diesem Real-Katalogus hat es folgende Bewandniß: Jeder Presbyter hält nach seinem Fach ein Buch, darinn nach alphabetischer Ordnung die Dinge eingetragen sind, über welche man wichtige Kenntnisse gesammelt hat, z. B. in dem Fache von geheimen Wissenschaften und Hieroglyphen steht unter dem Buchstaben C. das Wort: Creutz, und etwa darunter: „Wie alt diese Hieroglyphe ist, das findet man im Jahr — — — im — — — gedruckten Werke, Seite — — — oder einem Manuscripte Beylage M. — — — Diese Beylagen, oder vielmehr die wichtigsten darunter, die vorzüglichsten Ausarbeitungen werden am Ende des Jahrs an das National-Archiv in scientificis abgeliefert. Deswegen kommen jährlich einmal alle Presbyter einer Provinz auf der großen Synode zusammen, machen ein großes Verzeichniß der in diesem Jahr gesammelten Beylagen an die National-Direction, woselbst es in den Hauptkatalog eingetragen, und damit ein Schatz von Kenntnissen formirt wird, woraus jeder befriedigt werden kann: denn daraus werden die Regeln abstrahirt, und was noch fehlt, weitere Beobachtungs-Aufgaben, wie schon erwähnt worden, ausgeschrieben, um feste Sätze zu bekommen. Diese Regeln

wer-

werden gefunden durch geschickte Hinwegwer-
fung alles besondern Individuellen und Beybe-
haltung des unter allen Fällen übereinstimmen-
den. Nach dieser gefundnen Regel werden die
schon vorhandenen Systeme untersucht, geprüft.
Werden mehr solche Regeln gefunden, so müssen sie geordnet, mit einander verglichen werden, und aus ihrer Vergleichung findet man
neue allgemeine Sätze, bis endlich nach und
nach ein unbetrügliches System sich bildet und
entstanden ist.

XVI. Auf ähnliche Art wird in der Chymie, Physik, Oeconomie, Menschenkenntniß ꝛc.
verfahren. So bestellt die Priesterklasse z. B.
in ihrer Provinz Leute, welche

1. Provinzial-Wörter sammeln,

2. Kunstwörter aufschreiben,

3. jeden Tag die Witterung genau beobachten
   und aufzeichnen, z. B. den Grad der Hitze,
   Kälte, Regen, Sonnenschein, Schnee, Ne-
   bel, Morgenröthe, Nordlichter, Gewitter.
   Diese Wetter-Tabellen werden verglи-
   chen, daraus für die Physik und Oeconomie Schlüsse gezogen.

4. Sterb-Geburts-Tabellen mit Anmerkungen, des Alters, Geschlechts, der Krankheit, der Jahrszeit.

5.

5. Die verschiednen Erdarten, Gewächse jedes Landes, Bodens darinn sie wachsen, Versteinerungen.

6. Entdeckungen, welche die Schottischen Ritter in Ansehung der Freymaurerey glauben gemacht zu haben, damit man wisse, welche O. auf dem rechten Wege sind (oder nicht?) und also besser unterrichtet werden müssen.

7. Alle Arten von natürlichen Zaubermitteln, chymischen Tinten, Chiffres 2c.

XVII. So viel aber die Geschichte betrift, so wird in jedem Lande, vorzüglich von denen, die dazu Lust haben, die Geschichte des Landes besorgt; damit es aber nicht an guten ächten und unpartheyischen Geschichtschreibern fehle, so stellt der Decanus

1. in jeder Provinz einen oder mehrere Geschichtschreiber an.

2. Diese halten sich wie die alten Annalisten und Kronikschreiber über die laufenden Zeiten ein eigen Tagbuch.

3. Das Gewisse und Ausgemachte wird ohne Schmuck eingetragen; die geheimen gewissen oder vermuthlichen Triebfedern der Handlungen werden in den Anmerkungen nicht übergangen.

4.

4. Man merkt sich auch dabey an, in wie
fern man solches aus eigener oder fremder Wissenschaft hat.

5. In diesen Anmerkungen sammelt er vorzüglich Anekdoten auf historia arcana.

6. Der Annalist muß daher ein in den Weltbegebenheiten erfahrner, scharffehender, genau correspondirender Mann seyn, der bey
Höfen und Großen Zutritt hat, und geschickt zu forschen weiß.

7. Auch Anekdoten von ältern Begebenheiten
verdienen angemerkt zu werden.

8. Eine besondre Arbeit des Annalisten ist
die genaue Karakterisirung der bey seiner
Geschichte auftrettenden Person. Dies ge-
schiehe am besten durch Aufführung solcher
Handlungen auch aus dem Privatleben seines Helden, woraus jeder Vernünftige
auf den Karakter schließen kann. Der Annalist erzählt also blos zwar im detail, rai-
sonnirt aber sehr wenig; denn jedes Ur-
theil verräth seine Leidenschaften.

9. Der Annalist sucht weiter in der Geschichte des Landes jeden würdigen auch noch so
vergessenen Mann aus dem Staube hervor.

10. Diese Namen werden dem Provinzial ein-
berichtet, welcher die Mitglieder seiner Provinz damit benennt.   11.

11. Zur Erbauung, Nachahmung und besonders zur Unsterblichkeit jedes guten Mannes, welche er auch nur durch Privattugend
verdient, veranstaltet der Decan für die
Provinz durch Hilfe seiner Secretarien einen eignen Kalender, in welchem bey jedem Tage des Jahrs der Name eines be-
rühmten Mannes aus diesem Lande angemerkt ist, und solcher nach Verschiedenheit seiner Handlungen zur Nachahmung
oder zum Abscheu vorgestellt wird. Diese Art von Apotheose ist der O. jedem auch
noch Uebersehenen, Verkannten schuldig,
und jedes Mitglied des O's hat darauf An-
spruch zu machen.

12. Von Zeit zu Zeit wird den Minervalkirchen
Nachricht von edeln, öffentlich in der Versammlung bekannt zu machenden Handlungen gegeben. So wie im Gegentheil schlechte, selbst von den Vornehmsten des Reichs
begangene niederträchtige Handlungen laut
ausgeschrieen werden.

XVIII. In dem Fache der Menschenkenntniß soll, wenn die Akten über eine Person, der
Lebenslauf, entworfene Karacter ꝛc. an die Priesterklasse abgeliefert wird, von dem Decan dem
Director dieser Facultät aufgetragen werden,

hier-

hieraus Folgerungen zu ziehen.   Wenn dieser
darüber Anfragen bey den Untergebenen austheilt, so soll er den Namen des Mannes, von
dem die Rede ist, verschweigen.   Es soll aber
untersucht werden.

1. die herrschenden Leidenschaften und Ideen
eines Menschen.

2. Das Entstehen und Wachsen dieser Leidenschaften.

3. Die Ideen, so er Kraft seines Karacters
am ersten annehmen und verwerfen werde.

4. Wie eine gewisse Neigung bey diesem Menschen nach diesen datis könne erweckt oder
geschwächt werden?

5. Welche Personen im O. man dazu am fähigsten nützen könne?

6. Wie er über Religion und Staatsverfassung
denke?

7. Ob er so weit gekommen sey, alle Vorurtheile abzulegen, nur die Wahrheit, selbst
gegen sein Interesse aufzusuchen?

8. Ob er ohne Eigennutz aller Art Standhaf-
tigkeit und Anhänglichkeit genug besitze?

9. Wenn eins von diesen Stücken fehlen sollte, wie ihm solches, und durch wen bey-
zubringen sey?

10. Zu welchen Aemtern im Staat und im O. er tauglich, wozu er nützlich seyn könne?

Wenn alle Bemerkungen gesammelt, durch die data aus dem Karacter und Lebenslauf erläutert, und so berichtigt worden, so wird denn im allgemeinen ein Gutachten aufgesetzt, und durch den Decan an den Provinzial eingeschickt, woraus man sehe, ob dieser Mann ein moralischer, uneigennütziger, von Vorurtheilen freyer, wohlthätiger, dem O. zu irgend einem, und zu welchem Zweck, nützlicher Mann seye. — Aus diesen vielfältigen Bemerkungen aber werden allgemeine Regeln und Maximen zur Menschenkenntniß abgezogen, gesammelt, in den Realkatalog eingetragen und eingeschickt.

XIX. Da nun dem Beobachter nichts klein seyn soll, ja vielmehr die Natur im kleinsten sich am mehrsten offenbart; da ferner der Beobachter seinen Gegenstand auf allen Seiten beobachtet, gegen viel andre Erfahrungen halten, vergleichen kann, um das Uebereinstimmende und das Abweichende zu finden, und dabey nicht zufrieden seyn soll, wenn er die Uebereinstimmung nur unter zwey oder drey Begebenheiten gefunden; so muß

1. jeder Beobachter vom Einfachsten ausgehen, und dann erst zusammensetzen.

2. Seine Entdeckungen durch so viel Fälle rechtfertigen laßen, als nur möglich ist.

3. Er muß wissen, daß jedes Uebereinstimmende auch seine Verschiedenheiten hat, und also auch eine neue Beobachtung erfordert.

4. Daß er nicht auf die Qualität allein sehen muß, sondern auch auf die Quantität, den Grad mit allen Verhältnißen zu versuchen.

5. Er muß nicht dem Einfachen etwas als eine Wirkung zuschreiben, was die Wirkung des Zusammengesetzten ist. Er soll die Bestandtheile seines Gegenstandes genau kennen, und wissen, was jeder allein, was alle zusammen wirken.

6. Dann suche er alles Aehnliche wieder zu vergleichen, zu unterscheiden, Schlüsse, Regeln davon abzuziehen.

7. Er wendet die gesundnen Regeln wieder weiter an auf alle Fälle:

   A. um seine Regeln zu bestärken,

   B. Ausnahmen und Abweichungen zu finden,

   C. Die Ursachen und Wirkungen der Ausnahme zu finden.

   D. in dem Dinge das Wesentliche von dem Zufälligen zu unterscheiden.

8. Diese Regeln müssen mit andern gesundnen verglichen,

9. das Uebereinstimmende dieser verglichnen Regeln zu einer höhern gemacht werden,

10. diese hohe neue Regel wieder auf einzelne Fälle angewendet, und daraus Schlüsse und Folgerungen gemacht,

11. Und wenn es noch weiter möglich, wieder mit andern schon gefundenen so lange verglichen (werden), bis er endlich von einem einzelnen Factum bis zur höchsten metaphysischen Wahrheit hinauffkomme. Denn: Unser ganzes Wissen beruht auf richtige Facta, auf richtige Schlüsse, und richtige Anwendung auf andre Fälle. Ist daher unser Wissen irrig, so muß der Fehler im Factum, im Schließen oder im Anwenden liegen. Der Beobachter kann mithin sich nie genug von der Richtigkeit des Factums versichern.

XX. Da auf solche Art viel, und immer allgemeine Regeln nach und nach in jeder Wissenschaft, und am Ende selbst die in mehreren Wissenschaften gemeinschäftliche Hauptregeln gefunden werden; so ist auf diese Art der O. in jeder Provinz und im Ganzen mit der Zeit in den Stand gesetzt, in jeder Sache Erfindungen zu machen, neue Systeme aufzustellen, in jedem Fache ausnehmende Proben seiner Erfah-

H   run-

rungen an den Tag zu legen, und sich bey der
Welt auch in den untern Wissenschaften und
Künsten in der Achtung eines wahren Behält-
nisses aller menschlichen Erkenntnisse zu erhalten.

XXI. Durch den Fleiß der erfahrnen Mitglieder werden also die Bruchstücke gereinigt,
zusammengesetzt, und so entsteht nach und nach
selbst durch Mitwirkung der Unerfahrensten in
jeder Provinz das herrlichste wissenschaftliche
Gebäude, nicht blos im Gehirn eines Menschen ausgebrütet, sondern auf die Natur selbst
gebaut, und durch die geheimen Kenntnisse der
höhern Obern berichtigt, sofern es sich thun
läßt.

XXII. Diese gesammelten Kenntnisse können
zum Theil mit Erlaubnis der höhern Obern gedruckt werden; aber dann werden sie nicht nur
nicht an Profane ausgetheilt, sondern da sie
nur in den Ordensbuchdruckereyen herausgegeben werden; so werden sie nur nach Verhältniß der Grade den Mitgliedern bekannt gemacht,
und solche darinn von den Mittel-Obern unterrichtet.

XXIII. Dieß ist also diejenige Gesellschaft,
in welcher die Erkenntnisse großer Männer und
ihre Erfahrungen nicht mit ihnen zu Grabe gehen, wo sie noch in aller Stärke können auf

andre

andre gebracht werden, wo man anfangen muß
dort, wo der große Geist aufhörte. Aber damit diese würdigen Arbeiter nicht um die Ehre
ihrer Entdeckung gebracht werden, so soll jeder von ihnen gefundene Satz, jede Maschine
oder andre Entdeckung zu ewigen Zeiten den
Namen des Erfinders führen, und sein Andenken den Nachkommen heilig werden.

XXIV. Aber aus dieser Ursache ists auch
keinem erlaubt, diese seine Entdeckung außer
dem Orden bekannt zu machen, damit er den
Orden nicht aus dem Besitze des Geheimnisses
setze, welches er durch Anleitung desselben gefunden. Es ist billig, daß er demselben dasje-
nige allein überlasse, was er ohne denselben
nie so vollkommen würde gefunden haben, und
kann also ein über diesen Gegenstand geschrie-
benes Buch ohne Erlaubniß der Obern nie gedruckt werden; daher alle zu druckende Werke
die Bewilligung des Provinzials haben sollen,
und muß von demselben nach geschehener höhern Anfrage bestimmt werden:

1. Ob das Buch von der Art ist, daß es in
den geheimen Druckereyen und sonst nirgends darf gedruckt werden?

2. Welche Brüder es lesen dürfen, indem er
alsdenn für die Austheilung sorgen, und

ohne einen Schein von ihm kein Exemplar
ausgetheilt wird.

3. Wie man es anzufangen habe, denjenigen
Mitgliedern, welche man etwa auf irgend
eine Art vom O. ausschließen wöllte, neben den Abschriften, auch gedruckte Werke
wieder aus den Händen zu spielen, als
worüber die Local=Obern instruirt sind.

XXV. Der Orden kann nicht den Vorwurf
des Neides verdienen, wenn er seine Einsichten
nicht gemein macht, denn

1. steht jedem guten Mann der Eintritt in
den Orden, und der Genuß gleicher Einsichten offen,

2. er weiß am besten, wem sie nützen,

3. läßt allen Menschen des Erdbodens den
Nutzen seiner verborgnen Weisheit willig
empfinden,

4. und leidet nicht, daß irgend eine Kenntniß verlohren gehe.

XXVI. Wie groß übrigens der Nutzen davon ist, wenn gewisse Kenntnisse (wir reden
hier selbst von denen, welche dem größten Theil
der Menschen nützlich und begreiflich sind) mit
Auswahl, Vorsichtigkeit, Vorbereitung und
Klugheit ausgetheilt, und nicht eher ausgetheilt
werden, bis man sie ganz bestimmt entwickelt,

und

und auf feste Grundsätze gebracht hat, daran wird kein Vernünftiger zweifeln, und wie sehr viel mehr Kraft hat man nicht über den gemeinern Theil der Menschen, wenn man sie durch den Reitz der Neugier fesseln und ihre Begierde zum Wunderbaren zu edeln Zwecken lenken kann! Was würde nicht eine Gesellschaft ausrichten können, die z. E. in dem einzigen Besitze der Kenntniß von der Electricität wäre?

XXVII. Und so werden denn alle Erfindungen, die sonst ein Werk des Zufalls waren, aus der Natur selbst auf sichern Wegen entlehnt, durch die Weisheit erfahrner Männer berichtigt, und zum Nutzen des Menschengeschlechts in jedem Zeitalter so allgemein gemacht, als nach der Lage der Sache und dem Grade der Kultur möglich ist.

XXVIII. Die Arbeit unsers Priesterstandes aber ist, diesen Grad der Kultur und Aufklärung nach unserm Plan zu lenken. Ueber das Bedürfniß des Zeitalters und der Gegend muß daher reiflich nachgedacht, auf den Synoden gerathschlagt, bey den Obern um Berichtigung nachgefragt werden, und müssen stets neue Plane entworfen und eingeführt werden:

   1. Wie man die Hände in Erziehungswesen, geistliche Regierung, Lehr- und Predigt-Stühle in der Provinz bekomme.   2.

2. Ein Presbyter soll sich bey jedermann den Ruf der höchsten Aufklärung zu verdienen wissen. Wo er geht, steht, sitzt, lebt und webt, da strahle ein Nimbus wahren hellen Lichtes um sein Haupt, und erleuchte den Haufen um ihn her. Man halte es für ein Glück, aus seinem Munde reine Weisheit zu lernen. Er greife aller Orten, aber genau nach der erhaltnen Vorschrift und mit Feinheit und Betracht auf die Personen, mit denen er redet, das Vorurtheil an; doch hüte er sich, sein Wissen ungebeten auszukramen, und für einen Marktschreyer oder Schwätzer zu gelten.

3. Da in der Litteratur mehrentheils zu einer Zeit gewisse Grundsätze allgemein Mode und von den schwächern Köpfen nachgelallt werden, so daß zuweilen religiöse Schwärmereyen, dann Empfindsamkeit, dann Freygeisterey, dann unschuldiger Schäferton, dann Ritterwerk, dann Heldenlied, dann Geniewesen u. s. f. das ganze Publicum überschwemmen; so soll man besorgt seyn, unsere auf allgemeines Wohl der Menschheit gehenden Grundsätze auch zur Mode zu machen, damit junge Schriftsteller dergleichen

un-

unter das Volk ausbreiten und uns, ohne daß sie es wissen, dienen. Man soll also großes warmes Interesse für das ganze Menschengeschlecht predigen, und die Leute gleichgültiger gegen die engern Verhältnisse machen, insofern sie mit der grösten Wohlfahrt der Welt streiten. So zeigte Jesus ben jeder Gelegenheit, wie wenig ihn seine Familie in Vergleichung mit der großen Weltfamilie interessirte. Darüber lese man Matth. 10, v. 37. So auch auf der Hochzeit zu Cana und vielen andern Stellen.

4. Es muß auch dafür gesorgt werden, daß die Schriften unserer Leute ausposaunt und von keinen Rezensenten nicht verdächtig gemacht werden.

5. Gelehrte und Schriftsteller, welche den unsrigen ähnliche Grundsätze lehren, soll man zu gewinnen suchen, wenn sie sonst gute Menschen sind, auf die Liste der Anzuwerbenden zu setzen suchen, deswegen ein Verzeichniß solcher Leute von dem Decanus zu halten und von Zeit zu Zeit einzuschicken ist.

XXIX. Man soll den Orden den untersten Klassen so heilig zu machen wissen, daß z. B. eine Versicherung bey der Ehre des Ordens ihr höchster Schwur sey.

XXX.

XXX. Die Synoden, wovon vorher Erwähnung geschehen, werden wenigstens jährlich
einmal an dem bequemsten Orte der Provinz
gehalten, auf denselben alles Wichtige einige
Tage hindurch verhandelt, die Aufnahmen vorgenommen, und da außerdem die Presbyter der
Provinz nicht immer zusammenkommen können,
so wird auf diese Zeit alles erspart und vorher
aufnotirt. Die Tage, da keine Aufnahmen sind,
erscheint man, um alles Aufsehen zu vermeiden,
ohne priesterliche Kleidung. Die Zeit der Synode wird nach vorhergegangener Verabredung
vom Decan ausgeschrieben. Kann man öfter
zusammenkommen, desto besser. Uebrigens soll
jeder Presbyter einen ordentlichen Briefwechsel
mit dem Decan unterhalten; dieser nimmt auch
ihre Q. L. ein und schickt sie unerbrochen an
die höhere Klasse.

XXXI. Die Presbyter brauchen keinen Versammlungen der untern Klassen beyzuwohnen,
außer daß in jedem geheimen Kapitel einer ist.
Sie können aber auch nach Gefallen alle Versammlungen und ☐ frequentiren, selbst bey
den Liebesmalen gegenwärtig seyn; nur nicht
als Priester gekannt oder gekleidet, und dürfen
sie keine Aemter haben, oder sich in Geschäfte
mischen.

XXXII.

XXXII. Bey außerordentlichen Fällen kann der Decan auch jüngere Ordensbrüder, von deren Treue er versichert ist, welche auch die höhern Grade noch nicht bekommen können, zu den Geschäften und Versammlungen der Priester zulassen. Diese heißen Acolythi, tragen die Priester-Kleider nur kürzer, das Haupt entblößt. Sie assistiren bey den Synoden, werden zu litterarischen Geschäften, Briefwechseln gebraucht, und ohne weitere Zeremonien in der Synode auf die Verschwiegenheit verpflichtet.

––––––––––

Wenn diese Instruction verlesen ist, so hat die ganze Zeremonie ein Ende, und wird diese Synodal-Versammlung also geschlossen, daß der Decanus noch einmal vor dem Altare trete, da dann alle aufstehen, worauf er beyde Arme und Hände vorwärts ausstreckt und spricht: Seyd gesegnet, erleuchtet, gehet hin im Frieden!

––––––––––

Nachricht von Weihung eines Decani.

Wenn der untern Priesterklasse ein Decan vorgesetzt werden soll, so geschieht dies entweder bey gänzlicher neuer Einrichtung dieser

Klasse

Klasse in einer Provinz, oder nach Absterben eines vormaligen Decans. Im ersten Fall besorgt allein der Provinzial, vermöge höhern Auftrags, diese Ernennung; im andern fordert er darüber die Vota der sämmtlichen Priester der Provinz ein, berichtet an die höhern Obern, und setzt, wenn das Subject bestimmt ist, die Synodal-Versammlung an. Der Decanus muß ein Mann aus den höhern Graden des Ordens seyn, und wie es sich versteht, alle erforderliche Eigenschaften und gründliche Kenntnisse haben

Bey der Feyerlichkeit sind außer den übrigen Presbytern gegenwärtig

1. Plenipotentiarius	Alle in priesterlicher Kleidung; die ersten vier haben Kreuze auf der Brust, der Neu-erwählte noch nicht. Sein künftiger Mantel liegt auf dem Altar.
2. Primus Præpositus	
3. Secundus —	
4. Delegatus patrinus (Pathe)	
5. Neo-Electus.	

Der Plenipotentiarius tritt vor den Altar, mit dem Gesichte nach dem gegen über stehenden Neu-erwählten, an dessen linken Seite der Pathe steht, die beiden Præpositi aber stehen vor dem Plenipotentiarius mit dem Gesicht gegen den Altar.

Dele-

Delegatus: Aperi, Domine! os meum. *)

Prim. praepof. (wiederholt dieß) *Secund. praepof.* gleichfalls.

Plenipotent: Fili mi, quid poftulas?

Delegatus: Ut Deus et Superiores noftri concedant nobis Decanum hunc, quem ad te duco, Fratrem N. N.

Plenipotent: Quid vobis complacuit in illo?

Delegatus: Modeftia, morum integritas, fcientia, benevolentia et ceterae virtutes.

Plenipotent: Habetis decretum?

Delegatus: Habemus.

Plenipotent: Legatur.

Delegatus lieft mit lauter Stimme: Reverendiffimo N. N. Sedis dignitate confpicuo, credimus non latere, quod noftra provincia fuo fit viduata decano. Qua fiquidem folatio proprii deftituta decani communi voto atque confenfu Superiorum elegimus nobis in decanum fratrem N. N. Presbyterum noftrae provinciae, maioris ordinis verum utique prudentem hofpitalem moribus ornatum, fapientem, illuminatum et manfuetum. Deo et Supe-

pe-

*) Anm. Diefes hier vorkommende Latein ift hin und wieder fehlerhaft. Man hat aber alles dem Original gemäß liefern und nichts abändern wollen.

perioribus noſtris, per omnia placentemque ad celſitudinis veſtrae dignitatem deducere, curavimus unanimiter poſtulantes et obſervantes a veſtra Celſitudine nobis illum Decanum confirmari, quatenus auctore Domino nobis velut idoneus Decanus praeeſſe valeat, vt prodeſſe nosque ſub ejus ſapienti regimine in ſecuritate ac quietate magnis ſcientiis, aliisque operibus curare poſſimus. Ut autem omnium noſtrum vota in hanc electionem convenire noſcatis huic decreto propriis manibus roborando ſubſcripſimus (von allen Preſbytern der Provinz unterſchrieben.)

Plenipotent: Videte, ne aliqua fraus vel dolus lateat.

Delegatus: Abſit!

Plenipotent: Ducatur.

(Der Neuerwählte wird vor den Altar geführt, zwiſchen den beiden Präpoſiten geſtellt, und der Pathe tritt hinter ihn.)

Neo Electus: Aperi, Domine! os meum.

Praepoſ. 2. (wiederholt dies) Praepoſ. 1. (gleichfalls).

Plenipotent: Fili mi, quid poſtulas?

Neo-Electus: Reverendiſſime Domine! Confratres mei elegerunt me, ſibi eſſe Decanum.

Plenipotent: Quo honore fungeris?

Neo-

Neo-Electus: Presbyteratus maioris.

Plenipotent: Quos annos habes in Presbyteratu?

Neo-Electus: tres, quatuor etc.

Plenipotent: Habuifti directionem aliquam?

Neo-Electus: Habui.

Plenipotent: Qualem?

Neo-Electus: In ecclesia minervali, vel in directorio illuminatorum minorum etc.

Plenipotent: Difpoluifti domui tuae?

Neo-Electus: Difpofui.

Plenipotent: Nofti, quanta fit decani cura; quanta requiratur diligentia et fidelitas, et qua poena intligantur infideles et delatores?

Neo-Electus: Doce me Domine!

Plenipotent: Ego auctoritate Superiorum inductus, admoueo te, ut pacem, quietem, diligentiam et amorem inter Presbyteros tibi fubditos confervare curam habeas vt inferiorem benevolentia et debita cura dirigere complaceas. Firmiter fub interminatione anathematis inhibeo tibi, ne quid de fcientiis occultis, vel fecreta tibi revelanda abducas, furripias, vel alicui profano communices, fed ea cum quiete poffideas, et maxima cum cura cuftodias.

Si tu autem aliquid attentare praefumferis, maledictus eris in domo et extra domum, maledictus in civitate et in agro, maledictus vigilando et dormiendo, maledictus manducando et bibeudo, maledictus ambulando et fedendo, maledicta erunt caro et offa, et funitatem non habebis a planta pedis usque ad verticem. Veniat tunc fuper te maledictio hominis quam per Moïfen in lege filiis iniquitatis Dominus promifit. Deleatur nomen tuum in libro viventium, et cum juftis non amplius fcribatur. Fiat pars et hereditas tua cum Cain fratricida, cum Dathan et Abiram, cum Anania et Saphira, cum Simone mago et fuda proditore. Vide ergo ne quid feceris, quo anathema mereris.

Neo-Electus: Abfit Domine!

Plenipotent: Accedite (Sie tretten fämmtlich noch näher zum Altar, auf deffen unterften Stuffe der Neuermählte niederkniet.)

Delegatus: Reverendiffime Domine! Poftulant admodum per me delegatum Presbyteri omnes vt hunc praefentem N. N. ad onus Decani fublevetis.

Plenipotent: Scitis illum effe dignum!

Delegatus: Quantum humana fragilitas noffe finit, ut fcimus et credimus, illum dignum effe.   *Ple-*

Plenipotent: Quia ergo omnium in te vota conveniunt, confirmaris.

Neo Electus: Praecepisti Domine!

Plenipotent: (legt die Hand auf des Neu-erwählten Haupt.) Dilecto nobis fratri et Decani salutem in Domino sempiternam. Quoniam, ut credimus et scimus, Presbyteri hujus provinciae fratres nostri te elegerunt Decanum et Superiores usque pendentes petierunt confirmari et ideo auxiliante Domino et auctoritate Superiorum per manus nostrae impositionem, Te Decanum confirmavimus (Er nimmt die Hand wieder von ihm.) Tu autem frater carissime scias, te maximum pondus suscepisse laboris, exhortamur ergo dilectionem tuam, vt fidelitatem, quam in ingressu Ordinis promisisti, et dein saepius promissionem renovasti, inviolabiter custodias. Nam fidelitas omnium virtutum fundamentum est. Scimus quod ab infantia literis es eruditus, et scientiis edoctus. Attamen breviter ad nos pervenisti, et multa tibi adhuc occulta, quae tibi revelata sunt. Sed cave, ne secundum Apostoli sententiam in superbiam elatus in indicium incidas inimici scientiae tuae, et virtute nec confidas, quia neque Samsone fortior, nec Davide sanctior, nec Salomone poteris esse sapientior.   Scri-

Scriptores veterum Philofophorum et Sa-
pientum faepius lege.

Si poteft fieri, lectio haec in manibus tuis,
maximeque in pectore tuo femper interrum-
pat ad inftar namque fpeculi anima tua in
ipfam fedulo refpiciat, ut vel quae incorrecta
funt corrigat, vel quae pulchra funt exornet.
Difce, quod fapienter doceas amplectens, cum
fecundum doctrinam fanam eft, vt poffis ex-
hortari in doctrina fua, et eos qui mala fide
contradicunt, arguere. Nec confundantur opera
tua fermonem tuum. Vita igitur tua irrepre-
henfibilis fit, in ipfa fratrum inferiorum regu-
lam fumant, ex ipfa videant, quod diligant,
cernant, quod imitari feftiment, ut ad exem-
plum tuum, omnes fideli ftudio vivere com-
pellantur. Sis ergo fubiectus. Tuis folicitudo
laudabilis. Exhibeantur cum manfuetudine
difciplina, cum directione correction. Iram
benignitas mittiget, benignitatem zelus exa-
cuat. Ita et alterum ex altero condiatur, vt
nec immoderata ultio ultra quam oportet affli-
gat, neque iterum frangat Decanum remiffio
difciplinae. Itaque boni te dulcem, pravi
afperum fentiant correptorem, in qua videli-
cet correptione, hunc effe ordinem noveris ob-
fervandum et perfonas diligas, et vitia per-

fesequaris, ne si aliter agere fortasse volueris transeat in crudelitatem correctio vt pendas per irremissam iram, quod emendare per discretionem debueras.

(Die Präpositen hängen ihm den Mantel um.)

Sit in te amabilis dulcedo, prudentia, mansuetudo et sapientia. Iniuste oppressis defensio tua subveniat. Illis autem qui opprimant, vigor tuus efficaciter contradicat. Nullus te favor extollat, nulla adversitas attristet, id est, ut nec in prosperis cor tuum elevetur, neque in adversis in aliquo deiiciatur. Sed omnia et in omnibus caute et cum discretione agere Te volumus, ut absque reprehensione ab omnibus vivere comprobetis (Er legt ihm nochmals die rechte Hand auf) Sicut nos Hermon, qui descendit in montem Sion, sic descendat super te Dei summae sapientiae benedictio!

(Er steht auf.)

———————

J   Re

Regentengrad.

B. Kleiner Regentengrad.

Princeps.

Nachstehende Abschrift ist mit einem von den Erl. Obern documentirten und be-gelten Exemplare vollkommen gleichlautend, elches hiermit durch Vordrückung des Sie-ls der zweiten Deutschen National-Inspec-n bekräftiget wird. Edeßa 1152. Jezdenj.

Philo.

(L.S.)

Nach-

❦❦❦❦❦❦❦❦❦❦❦❦❦❦❦❦❦❦❦

Nachricht an den Provinzial
wegen Ertheilung dieses Grades.

1. Wenn einer unter den Presbytern vorzüglich geschickt scheint, an der politischen Direction des Ordens Theil nehmen zu können; wenn er Weltklugheit mit Freyheit im Denken und Handeln, Vorsichtigkeit mit Kühnheit, Nachgiebigkeit mit festem Sinn, Geschicklichkeit und Kenntniß mit Einfalt und gerader Vernunft, Originalität mit Ordnung, Größe des Geistes mit Ernst und Würde verbindet; wenn er zu rechter Zeit schweigen und réden kann; wenn er mäßig und verschwiegen ist; wenn er zu gehorchen und zu befehlen versteht; wenn er von seinen Mitbürgern geliebt, geachtet und gefürchtet ist; wenn er eifrig und gänzlich an dem Orden hängt, das Beste des Ganzen und der Welt immer vor Augen hat; dann und nicht eher darf ihn der Provinzial in den Regentengrad dem National-Inspector vorschlagen. Doch ist dabey zu merken:

1) Man soll so sparsam als möglich mit Ertheilung dieses Grades seyn,

2) So viel es thunlich freye von Fürsten unabhängige Leute dazu nehmen,

3) Vorzüglich solche auszusuchen, die sich oft erklärt haben, wie unzufrieden sie mit den gewöhnlichen menschlichen Einrichtungen sind, wie sehr sie sich nach einer bessern Regierung der Welt sehnen; und wie sehr die im kleinen Priestergrade ihnen eröffnete Aussichten ihre Seelen mit Hofnung erheitert haben.

II. Wird von dem National-Inspector in die Beförderung eines solchen eingewilligt, so sucht der Provinzial nochmals schriftlich oder mündlich den Candidaten über einige seiner Grundsätze, über welche man noch zweifelhaft seyn könnte, zu erforschen. Zu diesem Ende lieset er die sämmtlichen Acten über seine Person sorgfältig durch, nemlich wie seine Verhältnisse sind, wie er stuffenweise auf die verschiednen Fragen geantwortet hat, wo es noch fehlen möchte, worinn er seine Stärke, und worinn er seine Schwäche hat u. s. w.

III. Nach dem daraus folgenden Resultat trägt er ihm auf, eine Ausarbeitung über einen Gegenstand zu liefern, worüber er sich nicht deutlich genug erklärt hat, z. B.

1) Wäre eine Gesellschaft verwerflich, welche, bis einst die größern Revolutionen der

Na-

Natur reif wären, solche Lage erfunden, durch
welche die Monarchen der Welt ausser Stand
gesetzt würden, Böses zu thun? Auch wenn sie
wollten, doch nicht könnten? eine Gesellschaft,
welche im Stillen den Mißbrauch der obersten Gewalt hindert? Wäre es nicht möglich,
daß durch diese Gesellschaft die Staaten selbst
ein Status in Statu würden?

2) Ist der Einwurf dagegen, daß eine
solche Gesellschaft leicht Mißbrauch von ihrer
Gewalt machen könnte, nicht aus folgenden
Gründen ungerecht? Machen nicht unsre jetzige
Staatsregierungen täglich Mißbrauch von ihrer Macht, ob wir gleich dazu schweigen?
Diese Macht nun ist doch wohl nicht so sicher,
als in den Händen unserer Mitglieder, die
wir mit so unendlicher Mühe bilden? Wenn
also ein Regiment, das Menschen stiften, unschädlich seyn kann; welches ist es wohl mehr,
als unsers, auf die Moralität, Vorsicht,
Klugheit, Freyheit und Tugend gestüztes?

3) Wäre es also nicht der Mühe werth,
den Versuch zu machen (möchte es auch eine
Chimäre seyn) ein solches allgemeines Sitten-
Regiment einzuführen?

4) Ist die Freyheit, jeden Augenblick zu-
rückstreten zu können, das Glück, geprüfte

und

Linker Hand steht ein Tisch, roth bedeckt,
auf welchem die Kleidung des Regenten liegt.
Diese Kleidung ist folgende: Ueber dem Rocke
wird eine Art von Kürras oder Brustschild,
aber nur von weissem Leder getragen, worauf
ein rothes Kreuz steht.

Ueber demselben ein offener weisser Mantel mit Ermeln, auf welchem auf der linken
Brust das rothe Kreuz geheftet ist. Die Er-
mel haben kleine rothe Aufschläge. Uebrigens
ist der Mantel wie ein offenes Hemd gemacht.
Der Halskragen ist roth.

Auf dem Kopfe tragen sie einen hohen weis-
sen runden Hut, mit einem rothen Federbu-
sche.

An den Füßen rothe zugeschnürte Halbstie-
feln. Nur der Provinzial hat zum Unterschied
um das Kreuz, so er auf dem Brustschilde
trägt, goldne Strahlen.

Das Zimmer ist roth tapeziert und gut
erleuchtet. In diesem Zimmer ist ganz allein
der Provinzial auf dem Thron, und sonst
Niemand. Im mittlern Zimmer sind die übrigen Regenten. Niemand, auch der Provinzial
nicht, trägt Schwerd oder andre Waffen. Das
vorderste Zimmer ist zur Vorbereitung, es ist
schwarz behängt, und steht in demselben ein

paar

paar Stufen hoch ein ganzes Menschengerippe, zu dessen Füßen Krone und Schwerd liegen.

Dahin wird der aufzunehmende geführt; man fordert ihm die Abschrift seines der Verordnung gemäß niedergelegten letzten Willens, nebst der Bescheinigung, welche das Gericht oder die Familie darüber gegeben, ab. Sodann werden ihm Fesseln an die Hände gelegt. Er erscheint in gewöhnlicher bürgerlicher Kleidung.

II. Wenn er einige Augenblicke hier verweilt hat, so wird im nächsten Zimmer nachfolgendes Gespräch so laut gehalten, daß er es hören könne:

Frage. Wer hat den Sclaven zu uns herein geführt?

Antwort. Er kam und klopfte an.

Fr. Was will er?

A. Er sucht Freyheit. Er bittet auch ihn von seinen Banden zu befreyen.

Fr. Warum wendet er sich nicht an die, die ihm die Bande angelegt haben?

A. Die wollen ihn nicht befreyen, sie ziehen Vortheil aus seiner Sclaverey.

Fr. Wer hat ihn denn in die Knechtschaft gebracht?

A.

A. Die Gesellschaft, der Staat, die Ge-
ehrsamkeit, die falsche Religion.

Fr. Und dieß Joch will er abschütteln, und
ein Abtrünniger, ein Aufrührer werden?

A. Nein! er will nur mit uns Hand in
Hand gegen den Misbrauch der Staatsverfassungen, gegen Verderbniß der Sitten, gegen
Entweihung der Religion kämpfen. Er will
durch uns mächtig werden, diese edle Zwecke
auszuführen.

Fr. Und wer ist uns Bürge dafür, daß,
wenn wir ihm die Macht in die Hände geben,
er diese Macht nicht auch mißbrauche, nicht an
andern zum Tyrannen werde, und neues Elend
über die Erde verbreite?

A Sein Herz und sein Verstand sind uns
Bürge dafür, der O. hat ihn geläutert. Er
hat gelernt seine Leidenschaften bezwingen. Er
hat sich selbst erforscht. Die Obern haben ihn
geprüft.

Fr. Das heißt sehr viel gesagt. Ist er auch
über Vorurtheile hinaus? Opfert er willig das
Interesse der kleinern engern Verhältnisse dem
allgemeinen Wohl der Welt auf?

A Das hat er uns verheissen.

Fr. Wie mancher schon verhieß dieß, und
erfüllte es nicht: ist er Meister über sich? kann

er

er der Versuchung widerstehen? Gilt bey ihm
kein Ansehen der Person? Frage ihn, wer der
Mann gewesen, dessen Gerippe jetzt vor ihm
steht, ob es ein König, Edelmann oder Bett-
ler war?

A. Er kennt ihn nicht; die Natur hat von
diesem Menschen alles, wodurch das Verderbniß den Unterschied der Stände bezeichnet, weg-
genommen und unkenntlich gemacht. Nur allein dieses sieht er an dem Gerippe, daß es
ein Mensch, einer von uns gewesen. Dieser
Character, ein Mensch zu seyn, ist ihm allein
wichtig. Ihn verletzt sogar die zerstörende Ver-
wesung nicht.

Fr. Gut! wenn er so denkt, so soll er auf
seine Gefahr frey seyn; führe ihn herzu! —
Aber er kennt uns ja nicht! Was für Ursachen
hat er, sich in unsern Schutz zu begeben? Gehe
hin und rede mit ihm!

III. Nun geht ein Regent zu ihm hinaus,
nimmt ihm die Fesseln ab, und redet ihn fol-
gendermassen an:

Nach den genauen Kenntnissen, welche Sie,
mein Bruder! jetzt von den hohen Zwecken des
O. haben, wird Ihnen wohl kein Zweifel mehr
über die Uneigennützigkeit, Würde, Größe und
Aechtheit der Sache übrig bleiben. Es wird

Ih-

Jhnen nun auch ziemlich gleichgültig seyn, die
Obern zu kennen, und auch nicht zu kennen.
Unterdessen habe ich den Auftrag, Jhnen hier-
über folgende Erläuterung zu geben:

Wenn man unsern O. als den kleinen Haufen derer, dem allgemeinen Verderben entgegen
arbeitenden, guten und weisen Männer ansieht,
welche der Ueberschwemmung entflohen, mit den
Schätzen der Weisheit und Tugend ausgerüstet,
sich und die ihrigen retteten, um einer neuen
Generation glücklichere Perioden vorzubereiten;
so kann man sagen, daß unser O. so alt als
die Welt ist. Es gab von jeher ein solches hei-
liges Bündniß. Gott und die Natur ließen die
bessern Werkzeuge, durch welche sie nach und
nach die Menschen wieder zu dem höchsten Gipfel
ihrer Vollkommenheit erheben wollten, in keinem Zeitalter von dem Strom der Verderbniß verschlungen werden.

Diese bauten sich eine Arche, zu welcher Gott
selbst den Plan gab, entkamen der Sündfluth,
und überlieferten ihren Nachkommen, wenn der
größte Sturm vorüber war, die aufbewahrten
geretteten Grundpfeiler zu einer neuen Welt.
Deswegen zählt auch die Freymaurerey schon
die Patriarchen und Noachiten unter ihre Mitglieder, und wir haben Jhnen in dem Priester-
grabe

grabe gesagt, wie zuletzt Jesus der Erlöser den
Grundstein der neuen Kirche, des Reichs der
Wahrheit, Weisheit und Freyheit gelegt hat,
und wie unser O. immer existirt, und nur unter verschiednen Gestalten auf das Ganze gewirkt.
Allezeit, wenn er auf einen gewissen Punct gekommen war, und sich hier und da Corruption
eingeschlichen hatte, warf der Hauptstamm, der
hohe O. seine Hülle weg, und erschien unter
einer neuen Gestalt. Man thut auf diese Art
in jeder Periode, so viel zu thun möglich ist,
und auf welche Weise dieß zu thun möglich ist.
Das Innere aber bleibt unentweihet. Auch die
Freymaurerey hat diese Corruption erlebt, und
es war Zeit, sie zu reformiren. Aber sie hat
das von ihr zu erwartende Gute vollkommen
erreicht, und die Welt zu der Arbeit vorbereitet, die wir jetzt treiben. Doch bedarf man
ihre Hülfe noch eine Zeitlang, und das ist die
Ursache, warum wir in den mittlern Klassen
ihre alte Gebräuche beybehalten. Es kann jedem vernünftigen Menschen gleichgültig seyn,
wie früh oder wie spat die symbolische Freymaurerey ihren Ursprung genommen hat; wer
das Recht hat ⌐⌐ zu constituiren, und wo
der Sitz der ächten Obern der Freymaurerey ist.
Alles was mich glücklich macht, ist ächt, es

komme

komme woher es wolle, und nur diejenigen Frey-
maurer-Systeme, welche eigennützige und gar
keine Kenntnisse haben, streiten um das Recht
☐ zu errichten. Wir erlauben jedem, der
seine Kunst versteht, sie ächt zu nennen. Ist
sie gut und heilsam, so wird sie der Welt Nutzen schaffen, und dann ist unser Plan erreicht.
Ist aber die Sache nichts werth, so wird sie
bald von selbst verfallen. So viel wir können,
suchen wir zwar alles freylich nach unsern Zwecken zu lenken, weil wir von der Güte unserer
Sache überzeugt sind; aber wir zwingen Niemand in den untern Klassen, uns auf unser
Wort zu glauben, daß wir in dem einzigen
Besitze der ächten Freymaurerey sind, sondern
er mag erst sehen, ob er anderswo etwas besseres findet. Hat er aber lange genug verge-
bens gesucht und nicht gefunden, dann muß
er aus Dankbarkeit auch ganz an uns hängen. Er wird aller Orten von geheimen
Obern reden hören, aber von Obern, die
ihm nichts befriedigendes geben, und denen er
doch auf ihr Wort glauben soll, daß sie an der
ächten Quelle sind; das verläugnen wir nur
in so fern, als jemand bey uns Befriedigung finden, und dafür, daß wir Kenntnisse mittheilen und Aussichten eröfnen, die jedes klugen

reb.

redlichen Mannes würdig sind, soll dieser Mann
sich nicht darum bekümmern, woher die Kenntnisse kommen. Nicht die Personen, die Sachen
müssen sein Augenmerk seyn. Fragt man also, wer unser System der untern Klassen in
seiner neuen Form eingerichtet hat, wie alt
es ist, und wer die Stifter dieser Einrichtung
sind, so dürfen wir darauf folgendes antworten:

Unsere Stifter hatten Kenntnisse, weil sie
solche mittheilten. Bey Gründung des äußern
O's nützten sie das Studium der Mängel und
Vorzüge aller bisherigen Anstalten von der Art,
den Rath der klügsten, besten, feinsten, erfah-
rensten Männer, und verbanden dieß mit phi-
losophischem Scharfsinn. Ueberlieferungen, Wärme für das allgemeine Wohl und Uneigennützigkeit, theils aus Bescheidenheit, theils um sich
gegen ihre eignen Leidenschaften sicher zu stellen*)
überlieferten sie darauf die ganze Direction des
Gebäudes andern treuen Händen, und zogen
sich zurück: man wird nie ihren Namen erfahren, und die, welche jetzt das Ruder führen, sind nicht die Stifter der neuen Einrichtung. Aber die Nachwelt wird die unbekannten Wohlthäter segnen, und doppelt segnen,
da sie der Eitelkeit entsagt haben, durch Fort-
pflan-

*) Anm. Hier scheint etwas zu fehlen.

pflanzung ihrer Namen im O. verewigt zu werden. Alle Documente darüber sind verbrannt.

Jetzt haben Sie es also mit andern Männern zu thun, die nach und nach im O. durch die erhaltene Bildung zu der Direction hinaufgerückt sind. Auch Sie werden bald an diesem Ruder stehen. Jetzt erwarte ich aber erst die Erklärung von Ihnen, ob Ihnen irgend ein Zweifel gegen die redlichen Absichten der Obern, oder irgend eine andere Unzufriedenheit übrig ist?

Der Candidat antwortet, und hat er noch Zweifel, so müssen ihm solche gehoben werden. Alsdann fährt der Introductor fort:

So folgen Sie mir dann.

IV. Sie nähern sich beyde der Thür des mittlern Zimmers. Der Introductor öfnet dieselbe (denn in diesem Grade wird nicht mehr geklopft). Die anwesenden Regenten dringen hinzu, und einer derselben fragt: Wer kommt da?

Antw. Ein Knecht, der seinem Herrn entlaufen ist.

Der Andere: Hier erlangt kein Knecht den Eintritt.

Introduct. Er ist entflohen, um kein Knecht zu seyn. Er sucht Hülfe und Schutz bey uns.

Der

Der Andre: Wenn ihn aber sein Herr verfolgt?

Introd. Die Thüren sind verschlossen, er ist sicher.

Der Andre: Wenn aber dieser Knecht bey uns ein Verräther wäre?

Introd. Das ist er nicht, er ist unter den Augen der Erleuchteten aufgewachsen, sie haben das Siegel Gottes auf seine Stirn gedrückt.

Der Andre: Nun, so sey er uns willkommen!

Sie treten herein, und gehen, begleitet von den übrigen Regenten, bis an die Thür des letzten Zimmers. Ein Regent geht voraus in dasselbe. Der Introductor will die Thür öfnen, wird aber von dem vorher hineingegangenen zurück gehalten, der ihm zuruft:

Zurück! Wen bringst du? Hier wirst du nicht so leicht Eingang finden.

Introd. Ich bringe einen Gefangnen, der Freyheit sucht, und in die Arche will.

Der Andere: Wir haben ihn nicht in die Knechtschaft gebracht. Wir wollen nicht in die Rechte seines Herrn greifen. Er sorge für sich selbst.

Introd. Ihr habt ihm Hülfe versprochen. Ihr habt ihm Hofnung gemacht, als er in

K   der

der Knechtschaft war. Er war im finstern, und ihr habt ihn erleuchtet. Ihr habt ihn regiert. Er kann sich jetzt selbst regieren, und nun will er frey werden.

Der Provinzial ruft vom Thron herab:

Laſſet ihn denn hereinkommen, daß wir ſehen, ob er das Zeichen der Freyheit an ſich trägt.

Man öfnet die Flügelthüren und führt den Aufzunehmenden vor den Thron. Die Regenten treten zu beyden Seiten deſſelben, der Introductor zur Seite des Aufzunehmenden.

Der Provinzial: Unglücklicher! Du biſt ein Knecht, und wagſt dich in die Verſammlung der Freyen? Weiſt du auch, was deiner erwartet? Durch zwey Thore biſt gedrungen, aber aus dieſem trittſt du nicht ungeſtraft wieder heraus, wenn du unſer Heiligthum entheiligeſt.

Introd. Das wird er nicht thun: ich hafte für ihn.

Ihr habt ihn gelehrt nach Freyheit zu ſeufzen: erfüllt auch jetzt euer Verſprechen.

Der Provinz. Wohlan denn, mein Bruder! Du biſt manche Vorbereitungen durchgegangen, wir haben dich geprüft und edel und gut gefunden. Du haſt dich uns voll Zutrauen in die Hände geliefert; es iſt Zeit dir zu zeigen,

daß

daß wir die Freyheit, welche wir so reitzend
darstellen, auch geben wollen. Wir haben dich
geleitet, so lange du der Leitung bedurftest; du
siehst dich jetzt stark genug, dich selbst zu regieren. So sey es denn auf deine Gefahr, sey
ein freyer Mensch, das heißt, ein Mensch, der
sich selbst zu regieren weiß, der seine Pflichten,
der seine dauernde Vortheile kennt, der niemand
als der Welt dient, der nichts thut, als was
der Welt und Menschheit nützlich ist. Alles
andere ist unrecht. Auch von uns selbst sollst
du künftig unabhängig seyn. — Hier hast du
alle Verbindlichkeiten, welche du dem O. geleistet hast, zurück. (Er giebt ihm die sämmtlichen Acten über seine Person, Revers, Initia-
tions-Protocoll, Lebenslauf zurück). — Du
bist uns fernerhin nichts schuldig, als wozu
dich dein Herz bewegt. Wir verlangen nicht
Tyrannen, sondern Lehrer der Menschen zu
seyn. Hast du nun bey uns Befriedigung, Ruhe, Freude, Glück gefunden, so wirst du uns
nicht verlassen. Haben wir uns in dir, oder
du dich in uns geirrt, so ist es dein Schade.
Du bist also frey. Aber wisse, daß auch die
unabhängige Menschen sich einander helfen, auf
keine Art beleidigen, sich gegen Beleidigungen
schützen, und daß im Fall der Beleidigung je-

der

der gegen dich das Recht der Vertheidigung hat.
Aber eben so sicher findest du auch bey uns
Schutz und Unterstützung, wenn du die Macht,
die wir dir verleihen wollen, nicht zum bösen
anwendest, wenn dein Herz voll Uneigennützigkeit, voll Wärme für das Wohl deiner Glieder glüht. O! greif mit an, arbeite für das
arme Menschengeschlecht, und deine letzte Stunde wird heiter seyn; wir verlangen ja nichts
weiter von dir, wollen für uns nichts erringen. Frage dein eigenes Herz, ob man nicht
von je her edel und uneigennützig mit dir verfahren ist! Könntest du undankbar gegen so
viel Wohlthat seyn? O dann strafe dich dein
Herz, wir wollen dich nicht strafen. — Aber
nein, du bist ein geprüfter und fester Mensch!
Sey es immer und regiere künftig mit uns die
gedrückten Menschen, führe sie zur Tugend,
zur Freyheit! Welche Aussicht, wenn einst wieder auf der Erde Glück, Liebe und Frieden herrschen werden, wenn alles Elend, alles über-
flüßige Bedürfniß, alle Verblendung, aller
Druck verbannt ist, wenn jeder auf seinem
Platze zum Besten des Ganzen thut, was er
kann, wenn jeder Hausvater Fürst in seiner
ruhigen Hütte ist, wenn der, welcher sich Ein-
griffe in diese heiligen Rechte erlauben wollte,

nir-

nirgend in der Welt eine Freystädte findet,
wenn kein Müßiggang geduldet wird, wenn das
Heer unnützer Wissenschaften verbannt, nichts
mehr gelehrt wird, als was den Menschen beſſer macht, ihn ſeinem natürlichen Zuſtande und
ſeiner künftigen Beſtimmung näher führt, und
wenn die Beschleunigung dieſer Periode unſer
Werk iſt, wenn jeder Menſch nach dem andern brü-
derlich die Arme ausſtreckt. In dem unſrigen
kannſt du Glück und Ruhe finden, wenn du
treu und redlich bleibſt; und das iſt das Zeichen dieſes Grabes, daß man beyde Arme gerade vorwärts gegen den Bruder ausſtrecke,
und die flachen von Unrecht und Gewalt un-
befleckten Hände offen hinhalte. Der Griff
iſt: daß man die andern beyden Ellenbogen
umfaſſe, gleichſam um ihn zu unterſtützen, und
ihm aufzuhelfen. Das Wort iſt Redemtio.

Jetzt wird die Kleidung angelegt.

Das Bruſtſchild.

Waffne deine Bruſt mit Treue, Wahrheit,
Veſtigkeit, und ſey ein Chriſt, ſo werden die
Pfeile der Verläumdung und das Unglück nie
auf dich eindringen.

Die Sticfeln.

Sey ſchnell zum Guten, und ſcheue keinen
Weg, auf welchem du Glück verbreiten oder
finden kannſt.   Der

Der Mantel.

Sey ein Fürst in deinem Volke, das heißt:
sey ein weiser und redlicher Wohlthäter und
Lehrer deiner Brüder.

Der Hut.

Diesen Freyheits-Hut müssest du nie mit einer Krone vertauschen mögen!

So regiere dann mit Weisheit, und denke,
daß der, welcher die Macht giebt, sie dir auch
wieder nehmen kann!

Der Provinzial umarmt ihn.

Jetzt höre, was künftig die Pflichten deines
neuen Standes fordern!

Es werden die Beylagen A. und B. verlesen.
Wenn der Provinzial schliessen will, verneigt
er sich stillschweigend, da denn die Regenten
wieder abtretten. Wer Local-Oberer wird,
bekommt seine Instruction versiegelt aus des
Provinzials Händen.

A.

Directions-System des ganzen Ordens.

I. Die höchsten Obern unsers erlauchten
Ordens der wahren ächten Freymaurerey be-
schäftigen sich nicht unmittelbar mit der ge-
nauern Direction des Gebäudes. Aber sie be-
glücken uns, indem sie zugleich auf andre sehr

michtwichtige Art für unser Wohl arbeiten, mit ihrem Rath, Unterricht und mit sehr kräftiger Hülfe.

II. Indessen haben die huldreichen lieben Obern eine Klaße von Maurern errichtet; deren Händen sie den ganzen Operationsplan anvertraut haben; und dieß ist die Regentenklaße, in welcher Sie heute den ersten Eintritt erlangt haben.

III. Mit diesen Regenten sind die ersten Ober Aemter besetzt, und wer den Grad nicht hat, kann nicht einmal Präfect oder Local-Oberer werden.

IV. Jedes Land hat einen National-Obern, welcher in unmittelbarer Verbindung mit unsern Vätern, deren einer das Haupt-Ruder führt, steht.

V. Unter dem National und seinen Gehülfen stehen denn die Provinzialen; deren jeder Kreis unsers Vaterlandes einen hat.

VI. Der Provinzial hat zu seiner Hülfe Consultoren; und unter ihm stehen

VII. eine gewisse Anzahl von Präfecten, welche wieder in ihren Districten Gehülfen aus diesem Grade haben können. Und diese alle gehören zu der Klaße der Regenten, wie auch der jedesmalige Decanus der Provinz.

VIII.

VIII. Alle diese Aemter sind (ausser dem Fall der Beförderung zu höhern Aemtern, der Abdankung, Absetzung oder des Todes) lebenslänglich.

IX. Wenn ein Provinzial-Oberer stirbt so wird ein neuer von den sämmtlichen Regenten der Provinz gewählt und von den National-Obern, mit Beystimmung des Nationals.

X. Da auf dieser Klasse das ganze Wohl des O. beruhe, so ist es billig, daß kein Regent häußlichen Mangel leide. Die Regenten sollen also die ersten seyn, für deren Versorgung und Unterhalt, wenn sie dessen bedürfen, man Sorge tragen muß.

XI. Alle Regenten einer Provinz machen ein besonderes Korps aus, und ihr unmittelbarer Oberer ist der Provinzial, dem sie Gehorsam schuldig sind. Seine Last ist groß. Seine Belohnung kann er nur aus dem Erfolge seiner edeln Bemühungen für das Wohl der Welt, und aus der Bereitwilligkeit der übrigen Regenten, ihm, der genauer unterrichtet ist, ohne Murren zu folgen, schöpfen.

XII. Da die Aemter im O. keine Ehrenstellen, sondern freywillig übernommene Bürden sind, so müssen die Regenten bereit seyn, zum Besten des Ganzen so zu wirken, wie es ihnen

ihre

ihre Lage und ihre Fähigkeiten erlauben. Hier
gilt kein Alter im O. also wird es sich oft fügen, daß der jüngste Regent Provinzial und der
älteste nur Local-Oberer oder Consultor ist,
wenn jener etwa im Mittelpuncte der Provinz,
dieser aber an der äussersten Gränze wohnt;
oder wenn jener seiner natürlichen Thätigkeit
oder seinen weltlichen Umständen nach, den Platz
besser ausfüllen kann, dieser hingegen vielleicht
mehr Beredsamkeit besitzt. Ja mancher Regent
wird sich nicht scheuen dürfen, sich irgend ein
kleines Amt bey einer Minervalkirche zu erbit-
ten, um ein gutes Beyspiel zu geben.

XIII. Damit der Provinzial nicht nöthig
habe, mit einer Menge Menschen unmittelbar
in Briefwechsel zu stehen, so laufen alle Briefe
und Q. L. Zettel der Regenten durch die Hände
des Präfects, außer wenn der Provinzial die
andern *) verordnet.

XIV. Aber er erbricht nicht die Q. L. der
Regenten, sondern sie gehen uneröfnet an den
Provinzial, und von da weiter.

XV. Die Zusammenkünfte der Regenten
heissen Convente. Der Provinzial, welcher
darinn den Vorsitz hat, hält sie, so oft er es
nöthig findet, und kann dazu alle oder nur
einige

*) Soll wohl heißen ein anders.

einige seiner Regenten, nachdem die Verhand-
lungen es erfordern, einladen; wer nicht erscheinen kann, muß sich hinlänglich und wenigstens vier Wochen vorher entschuldigen.
Außerdem muß er sich einfinden, Rechenschaft
von seinen bisherigen Geschäften geben, und
sich den neuen Aufträgen des Provinzials und
der höhern Obern unterziehen. Jährlich soll
wenigstens einmal der Provinzial-Convent gehalten werden.

XVI. Worauf übrigens die Regenten aufmerksam seyn müssen, das ist aus nachfolgen-
der Instruction zu ersehen.

XVII. Was die öconomischen Umstände
des Ordensbetrift, so ist zwar schon zu seiner
Zeit darüber insbesondere geredet worden; doch
wird es nöthig seyn, hier noch im Allgemeinen etwas zu sagen. Es ist schon aus dem
vorigen bekannt, daß wir uns nach und nach
bemühen sollen, Fonds zu erhalten. Dabey
ist zu bemerken:

a. Daß jede Provinz die Gewalt über ihre
   Klasse behält; daß nichts an die Obern
   jemals eingeschickt wird, außer etwa kleine
   Beyträge zur Bestreitung des Briefwech-
   sels.

b. So

b. So soll auch jede Versammlung und jede
□ ihren Fond eigenthümlich behalten,
und da, wo es auf den Conventen aus-
gemacht wird, das Vermögen mehrerer
⊐ oder Präfecturen zusammen zu schies-
sen, um etwa große Unternehmungen zu
machen, wird dies Geld nur als ein Dar-
lehn angesehen, und müssen den ⊐ nicht
nur Zinsen, sondern auch die Capitalien
erstattet werden.

c. Der Provinzial hat also gar keine Kasse,
sondern nur die Etats über das Vermögen seiner Provinz.

d. Die Einnahmen sind überhaupt:
aa. Freymaurer-Receptions-Gelder
bb. Ueberschüsse der monathlichen Beyträge
cc. freywillige Geschenke
dd. Strafen
ee. Legaten und Donationen
ff. Handel und Gewerbe.

e. Die Ausgaben:
aa. Unkosten zu den Versammlungen, Briefwechsel, Auszierungen, seltenen Reisen
bb. Pensionen für arme unversorgte Brüder, wenn gar keine andre Mittel, ihnen zu helfen, da sind
cc. zu Durchsetzung großer Zwecke
dd.

dd. zu Ermunterung der Talente

ee. zu Versuchen und Proben

ff. für Wittwen und Kinder

gg. Fundationen.

B.

Instruction für den ganzen Regentengrab.

I. Da der O. die Absicht hat, wahre menschliche Glückseligkeit zu befördern, die Tugend liebenswürdiger darzustellen, und dem Laster furchtbar zu werden; so versteht sich, daß die Lehrer und Regierer der Menschheit auch öffentlich als die besten Menschen bekannt werden müssen. Ein Regent soll also einer der vollkommensten Männer seyn, klug, vorsichtig, geschickt, beliebt, gesucht, frey von Vorwürfen und Tadel, im allgemeinen Rufe von Einsicht, Aufklärung und Menschenliebe, voll Integrität, Uneigennützigkeit, Liebe zum Großen, Allgemeinen und Außerordentlichen.

II. Die Regenten sollen die Kunst studiren zu herrschen, ohne das Ansehen davon zu haben. Unter der Hülle der Demuth, einer nicht verstellten, sondern wahrhaften Demuth, gegründet auf das Bewußtseyn eigner Schwäche, und daß man nur durch unsere Verbindung stark sey, sollen sie unumschränkt regieren.

ten, und jeden Zweck O. durchzusetzen verstehen. Die Befehle müssen das Ansehen von
Bitten, Verweise, die Schaale des Lobes haben. Denn man hat es mit freywillig gehor-
chenden Menschen zu thun, die nicht nur ihr
Joch nicht fühlen, sondern überhaupt kein
Joch tragen müssen. Man will die Menschen
an der Hand ihrer eignen Vernunft zu ihrem
Besten leiten. Sie sollen ihre Schwäche und
die Nothwendigkeit ihrer Folgsamkeit erkennen:
Alles ist verdorben, wenn man ihre Eitelkeit
gegen diese Selbsterkenntniß reitzt. Man ver-
meide also jenen steifen schulmäßigen Ernst,
wodurch man sie nur zurückstößt, und sich
bey klugen Weltleuten lächerlich macht. Hingegen muß man selbst das strengste Beyspiel
von ehrerbietigem Gehorsam gegen die Obern
geben, besonders ein vornehmer von Geburt
gegen einen Obern vom niedern Stande.

Doch sey die Behandlung nach den Sub-
jecten verschieden, mit denen man es zu thun
hat. Sey der Vertraute des einen, der Vater des andern, der Schüler des dritten, und
nur von sehr wenigen der strenge unerbittliche
Obere, und auch dann sey es mit einer Art
von Widerwillen, und nie aus eigner Willkühr. Sage ihm: du wünschtest, der O.
mögte

möchte dieß verdrießliche Geschäft in eines an=
dern Hände gelegt haben; du seyest es müde,
hier den Schulmeister, den Zuchtmeister eines
Menschen zu spielen, der längst gelernt ha=
ben sollte, sich selbst zu führen.

III. Da unsre heilige Legion, durch die
ganze Welt zerstreuet, der Tugend und Weis=
heit den Sieg verschaffen muß, so soll jeder
Regent unter dem übrigen Volke ein gewisses
Gleichgewicht zu befördern suchen, soll sich je=
des zu tief Bedrängten annehmen, jeden zu
hoch sich erhebenden nieder halten. Er soll
nicht leiden, daß der Dümmere über den Klü=
gern, der Böse über den Guten, der Unwiss=
sende über den Gebildeten, der Schwächere über
den Stärkern, auch wenn dieser Unrecht haben
sollte, zu sehr den Meister spiele. Aber dieß
geschehe mit Vorsicht und Klugheit.

IV. Der Mittel auf die Menschen zu wir=
ken, sind unendlich viele. Wer kann sie alle
vorschreiben? Dem Nachdenken der Regenten
wird es demnach überlassen, täglich neue Hülfs=
mittel zur Erreichung unserer Zwecke zu erfin=
den. Auch verändert sich das Bedürfniß des
Zeitalters: zu einer Zeit wirkt man durch den
Hang der Menschen zum Wunderbaren, zu ei=
ner andern durch den Reiz mächtiger Ver=

bin=

bindungen. Deswegen ist es zuweilen nöthig,
den Untergebenen vermuthen zu lassen (ohne
jedoch selbst die Wahrheit zu sagen) als wenn
insgeheim von uns alle übrige O. und Frey-
maurer-Systeme dirigirt, oder als wenn die
grösten Monarchen durch den O. regiert würs
den, welches auch wirklich hie und da der
Fall ist; wo eine große herrliche Begebenheit
vorgeht, da muß gemuthmaßt werden, daß
sie durch uns geschehe; wo ein großer sonder=
barer Mann lebt, da müßte man glauben, er
sey von den Unsrigen. Man ertheile zuweilen
ohne weitern Zweck mystische Befehle, lasse
z. B. einen Untergeben an einem fremden Orte,
in einem Gasthofe unter seinem Teller ein Or=
dens-Sendschreiben finden, das man ihm viel
bequemer zu Haus geben können. Man reise
zu den Zeiten der Messe, wenn man kann,
in die großen Handelsstädte, bald als Kauf-
mann, bald als Abbe, bald als Offi-
cier, und erwecke sich aller Orten den Ruf
eines vorzüglichen achtungswürdigen, in wich=
tigen Geschäften und Angelegenheiten ge=
b raucht en Mannes. — Dieß alles aber un=
gekünstelt, mit Feinheit, und nicht als Avan=
türier, auch nur da, wo man sich keinem
Vorwitze, keiner Inquisition ausgesetzt siehet,

Oder

Oder man schreibe wichtige Befehle mit einer chymischen Tinte, die nach einiger Zeit von selbst wieder verlöscht, und dergleichen mehr.

V. Ein Regent soll gegen Untergebene, so viel möglich gar keine Schwäche zeigen; selbst seine Krankheit, sein Misvergnügen soll er ihnen verschweigen, wenigstens nie klagen.

VI. Durch Weiber wirkt man hie in der Welt am mehrsten; bey diesen sich einschmeicheln, sie zu gewinnen suchen, sey eines eurer feinsten Studien. Mehr oder weniger werden sie alle durch Eitelkeit, Neugierde, Sinnlichkeit und Hang zur Abwechselung geleitet. Hieraus ziehe man Nutzen für die gute Sache! Dieß Geschlecht hat einen großen Theil der Welt in seinen Händen.

VII. Auch das gemeine Volk muß aller Orten für den O. gewonnen werden. Dieß geschieht am besten durch Einfluß auf die Schulen; sodann durch Freygebigkeit, durch eignen Glanz, durch Herablassung, Popularität, und durch äußere Duldung der herrschenden Vorurtheile, die man erst nach und nach ausrotten kann.

VIII. Wo man in der Regierung eines Landes die Hand hat, da stelle man sich, als wenn man gerade am wenigsten vermögte, so wird

uns

uns nicht entgegen gearbeitet; und wo man
nichts durchsetzen kann, da scheine man alles
zu könnnen, damit man gefürchtet, gesucht
und dadurch verstärkt werde.

IX. Alles was dem O. unangenehmes be-
gegnet, bleibe ein ewiges Geheimniß vor den
Untergebenen.

X. Den Regenten liegt es ob, für die
Versorgung der Brüder zu wachen, und nach
Anweisung des Provinzials für sie die schick-
lichsten Bedienungen zu erringen.

XI. Die Regenten sollen sich einer vorzüglichen Verschwiegenheit befleißigen, und also
über Dinge, worüber sie sich nicht erklären
dürfen, wenn sie befragt werden, mit äußer-
ster Behutsamkeit antworten. Doch darf dieses alles nicht gezwungen scheinen. Es giebt
Fälle, wo man sogar eine gewisse Geschwätzig-
keit annehmen, und das Ansehen haben müß,
als wenn man aus Freundschaft ein Wort zu
viel sagte; um entweder den Untergebenen auf
die Probe zu setzen, ob er dieß verschweigen
könne? oder eine gewisse Sage unter die Leute
zu bringen, woran dem O. gelegen ist, daß
man sie glaube. Bey zweifelhaften Fällen bleibt
indessen immer vorgeschrieben, in den Q. L.
den höhern Obern um Rath zu fragen.

XII.

XII. Der Regent stehe auch in welchem O. Amte es sey, so soll er so wenig als möglich auf die Anfrage seiner Untergebenen mündlich antworten, damit er Zeit habe, alles wohl zu überlegen; und deßfalls anzufragen.

XIII. Auf alles, was dem O. im Großen Nutzen bringen kann, sollen die Regenten aufmerksam seyn, z. B. durch Handlungs-Operationen oder dergl. die Macht des O. zu verstärken. Die darüber einlaufende Projecte soll man an den Provinzial einschicken. Eilige Anzeigen setzt man nicht in das gewöhnliche Q. L. weil er dasselbe nicht erbrechen darf.

XIV. Ueberhaupt soll über das, was allgemeinen Einfluß haben kann, fleißig an den Provinzial berichtet werden, damit man Vorkehrungen treffen könne, mit vereinten Kräften zu wirken.

XV. Wenn ein Schriftsteller in einem öffentlichen gedruckten Buch Sätze lehrt, die, wenn sie auch wahr sind, noch nicht in unsern Welt-Erziehungsplan passen, sondern zu früh kommen, so soll man den Schriftsteller zu gewinnen suchen, oder ihn zu verschreyen.

XVI. Können es die Regenten dahin bringen, daß Klöster, besonders die mit Bettelmönchen besetzt sind, eingezogen, und ihre Güter

ter zu unsern Entzwecken z. B. zu Unterhal-
tung tüchtiger Erzieher für das Landvolk ꝛc.
verwendet werden, so werden den Obern dergleichen Vorschläge willkommen seyn.

XVII. Nicht weniger, wenn sie solide Plane
zu einer Wittwen-Kasse für die Weiber unserer Mitglieder entwerfen können.

XVIII. Eine unserer vornehmsten Sorgen
muß auch seyn, unter dem Volke sclavische
Fürsten-Verehrung nicht zu hoch steigen zu
lassen. Durch diese knechtische Schmeicheleyen
werden diese mehrentheils sehr mittelmäßige
schwache Menschen noch immer mehr verdorben: man gebe also vorerst nur in seinem
Umgange mit den Fürsten das Beyspiel, ver-
meide alle Familiarität mit ihnen, vertraue
sich ihnen nie, gehe auf einen bequemen, doch
höflichen Fuß mit ihnen um, mache, daß sie
uns fürchten und ehren, rede und schreibe von
ihnen, wie man von andern Männern spricht,
damit sie wissen lernen, daß sie Menschen sind,
wie wir andere, und daß sie nur conventio-
nelle Herrn sind.

XIX. Wenn es darauf ankommt, einem
von unsern verdienstvollen Leuten, der aber
im Publico wenig bekannt, vielleicht gar un-
bekannt ist, empor zu helfen, so soll man alles

les in Bewegung setzen, ihm Ruf zu machen. Unsere unbekannten Mitglieder müssen ange-wiesen werden, aller Orten seinen Ruhm aus-zuposaunen, und den Neid und die Kabale ge-gen ihn schweigen zu machen.

XX. Oft sind die kleinern Landstädte beque-quemere Pflanz-Oerter für uns als die großen Residenzen und Handelsstädte, in welchen die Menschen mehrentheils zu verderbt, zerstreut und voll Leidenschaften sind, auch sich schon ganz gebildet glauben.

XXI. Eine sehr nützliche Sorge ist, zu-weilen Visiteurs in den Gegenden herum rei-sen zu lassen, oder einem Regenten, der ge-rade doch reiset, den Auftrag zu geben, daß er die Versammlungen besuche, sich die Proto-colle zeigen lasse, zu einzelnen Mitgliedern ins Haus gehe, sich ihre Papiere, Diarium ꝛc. zur Durchsicht erbitte, ihre Klagen anhöre u. s. f. Da man denn Gelegenheit hat, manche in der Direction begangenen Fehler durch ei-nen solchen Bevollmächtigten gut zu machen, welcher von den hohen Obern geschickt zu seyn vorgiebt, und dreist reformiren muß, was ihm aufgetragen ist, und was etwa der Präfect zu reformiren nicht den Muth hat, sondern sich lieber dieses Werkzeugs bedient.

XXII.

XXII. Wenn die Form unferer Claffen nicht allenthalben paffend feyn follte, fo läßt fichs überlegen, wie man es anzufangen habe, unter einer andern Gestalt zu wirken. Wenn nur die Zwecke erreicht werden, fo ist es gleichgültig, unter welcher Hülle es gefchieht, und eine Hülle ist immer nöthig. Denn in der Verborgenheit beruht ein großer Theil unfever Stärke.

XXIII. Deswegen foll man fich immer mit dem Namen einer andern Gefellfchaft decken. Die ⌐ der untern Freymaurerey find indeffen das fchickliche Kleid für unfere höhere Zwecke, weil die Welt nun fchon daran gewöhnt ist, von ihnen nichts großes zu erwarten, welches Aufmerkfamkeit verdient. Auch ist der Name einer gelehrten Gefellfchaft eine fehr fchickliche Maske für unfere untern Claffen, hinter welche man fich stecken könnte, wenn irgend etwas von unfern Zufammenkünften erfahren würde. Man fagt fodann: Man verfammle fich heimlich, theils um der Sache mehr Reitz, mehr Intereffe zu geben, theils um nicht jeden zulaffen zu müffen, um manchen Hinderniffen mißgünstiger und fpöttifcher Leute auszuweichen, oder um die Schwäche eines noch ganz neuen Instituts zu verbergen.

XXIV.

XXIV. Es ist sehr wichtig, die Einrichtungen anderer geheimen Gesellschaften zu erforschen, und sie zu regieren. Ja, wenn es,
ohne sich große Verbindlichkeiten aufzuladen,
geschehen kann, so lasse man sich mit Erlaubniß seiner Obern in solche aufnehmen. Auch
hierzu ist Verborgenheit gut.

XXV. Höhere Grade müssen den untern
allezeit verschwiegen bleiben. Man ist geneig-
ter von Personen, die man nicht kennt, Befehle anzunehmen, als von Bekannten, an be-
nen man nach und nach allerley Mängel wahr-
nimmt. Man kann auch die Untergebenen
besser beobachten, und diese werden sich besser
und vorsichtiger betragen, wenn sie immer von
Aufsehern umringt zu seyn glauben, und so
lange gut handeln, bis ihnen die Tugend zur
Gewohnheit wird. Ueberhaupt ist alsdann der
Reiz desto größer; die Welt liebt das Wun-
derbare, und es ist eine angenehme Ueberra-
schung bey einem neuen Grade neue Leute zu
finden.

XXVI. Militair - Schulen, Academien,
Buchdruckereyen, Buchläden, Dom = Capitel,
und alles, was Einfluß auf Bildung und Regierung hat, muß nie aus den Augen gelassen
werden, und die Regenten sollen unaufhörlich

Plane

Plane entwerfen, wie man es anfangen könne, über dieselben Gewalt zu bekommen.

XXVII. Ueberhaupt ist der Regenten Haupt-Augenmerk, außer den Arbeiten, welche mit ihrem im O. ihnen aufgetragenen Amte verbunden sind, die beständige Wachsamkeit auf alles, was den B. vollkommner und mächtiger machen kann, damit er für jedes Zeitalter das Ideal der vollkommensten menschlichen Regierung werde.

Dieß sind die allgemeinen Verhaltungs-Regeln; was aber ein jeder Regent auf dem ihm von den E. Obern angewiesenen Platze zu beobachten hat, darüber wird ihm eine besondere Instruction ertheilt.

C.

Instruction der Präfecten oder Local-Obern.

Außer demjenigen, was der Präfect schon aus der Instruction des ganzen Regentengrades wissen muß, liegt seinem Amte noch folgendes ob:

I. Er ist der erste Regent in seiner Präfectur, und alle Berichte Q. L. ꝛc. laufen durch seine Hand, indem er die Direction des ganzen untern Gebäudes hat.

II.

XI. Da nun der Präfect für die ganze Grundlage des Gebäudes sorgen muß, so erfolgt hier ein kurzer Unterricht, wie er dabey sich zu verhalten habe.

1) Um den Plan des O's durchzusetzen, hat er eine gehörige Anzahl Arbeiter nöthig, damit er gehörig wirken könne. Vorbereitung ist also die erste Obliegenheit. Es ist aber nicht gleichgültig, welche Arbeiter man habe: sie müssen die nöthigen Einsichten und Gemüthsgaben besitzen. Dazu wird

2) Unterricht und Bildung erfordert. Diese gebildeten Menschen nun müssen auch Liebe zum Zweck gewinnen, so daß sie es für unmöglich halten, diesen ihnen so theuern und liebenswürdigen Zweck in irgend einer andern Gesellschaft zu finden, daß sie geneigt werden, all das ihrige beyzutragen, um den Zweck des O. zu erhalten. Daher entsteht denn

3) die Anhänglichkeit. Niemand wird in einer Gesellschaft das erhalten, was er sucht, wenn jeder thun kann, was er will, wenn er nicht ein Opfer seines Eigendünkels macht, und andern ältern und erfahrnen Männern mehr Einsicht zutraut. Wenn der Untergebene Achtung gegen die Befehle der Obern hat, wenn er ihnen folgt, und die erste Vermuthung bey ihm

ihm entſteht, daß nichts von den Obern
geboten wird, was nicht zweckmäßig iſt, ſo
entſteht die in allen Verbindungen ſo noth-
wendige

4. Subordination und Gehorſam. Und
endlich haben öffentliche Arbeiter unſerer Art
zu viel Gegner, als daß ſie ruhig ihr Tagwerk
vollenden könnten. Daher kommt

5. das verborgne und geheimnißvolle des
O's. Iſt nun in dieſen fünf Stücken alles
gehörig beſorgt, ſo iſt in jedem Lande unter der Sonne nichts unmöglich. Man
kann den Präfecten die Sorge dafür nicht genug empfehlen, und erhalten dieſelben desfalls
hier über jeden Punct einigen Unterricht, um
darnach die Obern in den Claſſen inſtruiren
zu können.

1. Vorbereitung.

a. So viel gute Leute als möglich zum O.
geführt. In der Menge beſteht ein Theil der
Stärke, aber nicht die ganze.

b. Es ſoll aber keiner auch nur ins Novi-
tiat eingelaſſen werden, der im allgemeinen
übeln Ruf ſtände, der Abſcheu oder Haß des
Landes wäre, möchte auch dieſer Haß unge-
gründet ſeyn.

c. Bey

c. Bey der Aufnahme soll Bedacht genommen werden, daß man wißbegierige, fähige, folgsame, gesetzte, fleißige, thätige, gutgeartete, wissenschaftliche junge Leute erhalte, welche noch nicht viel wissen, Begierde haben mehr zu lernen, und mit der Zeit ihre Aufklärung dem O. zu verdanken haben.

d. Junge Leute sind also das vorzüglichste Augenmerk des O's, wenn schon eine zur Direction hinreichende Anzahl mannbarer Mitglieder in der Gegend vorhanden ist, und man soll allezeit bedenken, daß der O. seine vorzüglichste Stärke auf die Anwerbung junger Leute setzt.

e. Darum soll der Präfect in seinem Lande um die Schulen, Erziehung der Jugend und ihre Lehrer sich bewerben, und dieselbe mit O's, Mitgliedern zu besetzen suchen. Denn auf diese Art bringt man der Jugend des O's Maximen bey, bildet ihre Herzen, bearbeitet die besten Köpfe, für uns zu wirken, gewöhnt sie an Ordnung und Disciplin, erwirbt sich ihre Achtung, sieht einst die ersten Stellen im Staate mit unsern Zöglingen besetzt, und die Anhänglichkeit an den O. wird, wie alles was man sich in frühern Jahren einprägt, unauslöschlich.

f) Mit

f. Mit Erwachsenen muß Vorsicht gebraucht werden, sie schlagen nur mehrentheils halb ein, haben schon eine falsche Richtung, wollen ihren eigenen Ideen folgen, müßen genau geprüft, und nach den Umständen schneller beförbert werden.

g. Bey Anlegung einer Colonie beobachte man folgendes:

a. Man schicke einen gewagten Mann, der ganz vom O. abhängt, hin, und lasse ihn da eine Zeitlang bleiben.

b. Man bevölkere nicht eher die entlegenen Oerter, als bis die Mittel-Oerter besetzt sind.

c. Man wähle Personen, die an mehrern Orten domiciliirt sind, z. B. Domherrn, Kaufleute.

d. Da jedem Ordens-Mitgliede in jedem billigen Verlangen geholfen werden muß, man aber ohne höchstwichtige Ursachen nicht gestattet, daß eine Provinz der andern ihre Leute mit allerley Forderungen auf den Hals schicke, sondern jede Provinz ihre eignen Leute befriedigen muß, sollen die Präfecte, um nicht die Schwäche des O's in ihren Gegenden aufdecken zu müssen, sondern alle Hülfe, welche einem Minervalen

ver.

versprochen wird, leisten zu können, Anfangs nicht leicht Arme und Unversorgte,
welche dem O. früh zur Last fallen könnten, anwerben,

e. nicht leicht weiter rücken, bevor nicht die
Sache im Hauptorte gehörig im Gange ist.

f. Man muß wohl überlegen, wem man den
Auftrag, den O. zu verbreiten, sicher geben kann.

g. Sodann, ob's gerathener ist, eine ☐ oder
eine Minervalkirche anzulegen;

h. wen man an die Spitze setzt, wie des Mannes Fähigkeiten, Gemüth, Eifer, Anhänglichkeit, Ansehen, Kredit, Gabe andre zu
bilden, Pünctlichkeit, Ernsthaftigkeit und
Klugheit;

i. wie der Ort ist, entlegen oder nahe, gefährlich oder sicher, groß oder klein;

k. auf die Mittel, welche anzuwenden sind,

l. auf die Zeit, in welcher es zu Stande kommen kann,

m. auf die Leute, mit denen es anfängt. Tau-
gen die ersten nichts, so wird nie etwas
guts aus den übrigen werden.

n. auf die Sub- und Coordination.

o. auf die äußere Schaale, die man dem Dinge giebt.

h. Bey

h. Bey Anwerbung von Erwachſenen ſoll
man vorzüglich ſolche ſuchen laſſen, bey denen
entweder die zu unſern Zwecken erforderlichen
Ideen ſchon vorhanden, oder doch leicht zu erwecken ſind; Leute, die ſich gerne beſſern Einſichten fügen, die nach Vernunft und Ueberle-
gung, nicht nach Vorurtheilen handeln, aber
doch noch gelehrig ſind, die große Abſichten und
Entwürfe empfinden und denken können, die
den Trieb fühlen, Wohlthäter des Menſchengeſchlechts zu ſeyn, und bey denen ſich derſelb-
leicht lebhaft und dauerhaft erwecken läßt, die
jede Gelegenheit, nützlich zu werden, begierig
ergreifen, die an der Welt und den bürgerlichen Einrichtungen vieles mit Vernunft tadeln
und anders wünſchen; allzu Reichen und Vor-
nehmen, die keine andere Erziehung haben, als
gewöhnlich ſolchen Leuten gegeben wird, ſoll
man nicht leicht trauen. Sie kennen die Bedürfniſſe des menſchlichen Lebens nicht, wiſſen
alſo ſelten, wie nöthig ein Menſch dem andern
iſt, und ſind daher ſelten ſichere Freunde. Aber
Leute, die die Gewalt des Schickſals, nicht
durch grobe Mißgunſt und Unglück, empfun-
den haben, dieſe ſind vorzüglich die Männer,
denen der O· ſeinen Schoos als einen Zuflucht-
ort anbietet.

i. Hat

i. Hat der O. einmal an einem Orte die gehörige Stärke erlangt, sind die obersten Stellen durch ihn besetzt, kann er in einem Orte, wenn er will, denen, die nicht folgen fürchterlich werden, sie empfinden lassen, wie gefährlich es ist, den O. zu beleidigen und zu entheiligen, kann er seine Leute versorgen, hat er in einem Lande von der Regierung nichts mehr zu befürchten, sondern wirkt vielmehr unsichtbarer Weise auf dieselbe; so wird man leicht einsehen, der Leute mehr zu erhalten, als man nöthig hat. Aber auch dann bleibt es allemal sicherer die Verbreitung durch die Schulen zu erhalten. Niemals kann der O. diese Art der Verbreitung genug empfehlen.

k. Eben so wichtig als die Schulen sind dem O. die Seminarien der Geistlichkeit, deren Vorsteher man zu gewinnen suchen sollte; denn dadurch wird der Hauptstand des Landes gewonnen, die mächtigsten Widersprecher jeder guten Entwürfe sind in unser Interesse gezogen, und was über alles geht, das Volk und der gemeine Mann ist in den Händen des O's.

l. Geistliche bedürfen aber einer zwiefachen Vorsicht, sie halten selten die Mittelstraße, sondern sind entweder zu frey oder zu schüchtern, und die zu freyen haben selten gute Sitten. Ordens densgeistliche dürfen nie aufgenommen werden, und die Exjesuiten soll man wie die Pest fliehen.

m. Kann der Präfect die fürstlichen Dicasterien und Räthe nach und nach mit eifrigen O's-Mitgliedern besetzen, so hat er alles gethan, was er thun konnte. Es ist mehr, als wenn er den Fürsten selbst aufgenommen hätte.

n. Ueberhaupt sollen Fürsten selten zum O. zugelassen werden, und wenn sie etwa darinnen wären, nicht leicht über den Schottischen Rittergrad hinaus befördert werden: denn wenn man diesen Leuten ungebundene Hände giebt, so folgen sie nicht nur nicht, sondern benutzen auch die besten Absichten zu ihrem Vortheil.

o. Man mag aber alles an sich ziehen was sich bilden läßt, was uns Nutzen und Stärke verschafft, dem O. keine Schande bringt, und ihn nicht in Gefahr setzt.

p. Alle Menschen, die nicht für sich allein, sondern für die Welt, für das Menschengeschlecht leben, die sich über alles Kleine hinwegsetzen, sind gebohrne Mitglieder des O's. Nun zum zweyten Punct.

2. Unterricht, Bildung.

Was nützt dem O. eine Menge Menschen, die sich auf keine Art ähnlich sehen? Alle diese

Män-

Männer müssen von ihren Schlacken gereinigt werden, und zu edeln, großen, würdigen Menschen umgeschaffen werden. Dies ist nnn die härteste schwerste Arbeit. Dem O. ist nicht so sehr an der Menge, als an der Güte der Arbeiter gelegen. Also

a. soll bey dem ersten Eintritt in den O. jedes Menschen Seele erweitert, und große Entwürfe fühlbar gemacht werden. Er soll gleich Anfangs hohe würdige Begriffe erhalten. Es sollen ihm die Sachen wichtig, erstaunend geschildert werden, ohne sich jedoch in das Besondere einzulassen. Es versteht sich, daß die Aufführung des Aufnehmers den Candidaten nicht das Gegentheil erwarten lasse.

b. Der Candidat wird den bekannten Vorschriften gemäß geleitet, aber nicht auf einmal, sondern nach und nach, damit durch die Ueberlegungs-Fristen das Bild sich tiefer einpräge. Er muß bitten, nicht sich bitten lassen.

c) Die Begriffe von Größe werden ihm beygebracht durch Vorstellung der Uneigennützigkeit des Zwecks, wovon schon die allgemeinen Statuten zeugen, durch Bemerkung der Mühe, die man sich um seine Bildung giebt, durch die Schwierigkeit, welche es kostet, zu uns zu gelangen, durch Beschreibung der Vortheile, die

auch

auch das geringste unserer Mitglieder vor allen
Profanen hat, durch den Reitz der verborgnen
Macht; durch Vorbild der Stärke, die bey
Aufgenommene dadurch erhält; durch Verspre-
chung größerer Einsichten; durch Hofnung mit
der Zeit hierdurch Bekanntschaft mit den edelsten Männern zu bekommen; durch Erwähnung
des Schutzes, den der O. seinen folgsamen Schülern gegen die Bösen gewähren kann; durch
Darbietung der Gelegenheit nützlich zu werden,
die er nirgends so gut als da findet; durch die
Ordnung und Pünctlichkeit, welche er wahr-
nimmt; durch die Achtung, Ehrerbietung, Heiligkeit, mit welcher der Aufnehmer von dem O.
redet; durch das Ansehen und die Beredsamkeit des Aufnehmers selbst; in allen diesen Punc-
ten soll also der Präfect die Untergebenen unterrichten und üben lassen.

d. Es ist aber nicht genug, dieß Feuer an-
zufachen; es muß auch erhalten (werden) und
zwar durch das Lesen solcher Bücher, welche die
Begierde entstehen machen, sich zu bessern, sich
zu unterscheiden, groß zu werden, in welchen
die Tugend liebenswürdig und interessant, das
Laster abscheulich und sich selbst zur Strafe dargestellt wird. Die fleißigen Berichte der Superioren müssen ausweisen, wie viel Nutzen die

Leute

Leute aus dieser Lectüre gezogen Wo es angeht, läßt man die Minervalen durch O's.
Mitglieder, welche Beredsamkeit und Kenntnisse
haben, Vorlesungen über Gegenstände der practischen Philosophie, über Vergnügen und Misvergnügen, über das Gute und Böse u. s. f.
halten. Noch besser sind thätige Uebungen, Ge-
legenheiten das Gute auszuüben. Vor der Beförderung in höhere Grade müssen die jungen
Leute erst geprüft werden, ob sie die vorge-
schriebnen Bücher gelesen haben, und eher wird
niemand befördert, als bis er so ist, wie wir
ihn haben wollen.

e. In keinem Stücke soll der Präfect so
sorgsam seyn, als sich von Monath zu Monath
die genaueste Tabellen über den Fleiß, die Aufführung und Fortschritte der Novizen und Minervalen einschicken zu lassen. Keine Classe
braucht so viel Aufsicht als die erste.

f. Deswegen soll auch strenge darauf gehalten werden, daß die Untergebenen monathlich Aufgaben ausarbeiten; aber keine theore-
tische, speculativische, sondern nur solche, welche wahrhaftig Einfluß auf den Willen, auf
die Besserung des Characters, und auf das
gesellschaftliche Band haben, damit die Leute
beschäftigt seyen, ihre Fähigkeiten entwickeln,

an

an Ordnung und Fleiß gewöhnt werden, und
sich in verschiedene Lagen zu denken lernen; und
nur nach der Menge und Güte dieser Aufsätze
folgt frühere oder spätere Beförderung; kein
Rang, Stand, Vermögen oder andrer äußerer Vorzug kommt hier in Betracht, sondern
lediglich Geschicklichkeit, Biegsamkeit, Adel des
Herzens und des Geistes.

g. Das Herz sey das Haupt-Augenmerk;
lieber hundert schwache Köpfe, als einen bos-
haften. Also darf kein Neid, Stolz noch Trotz
gelitten werden. Man muß allgemeines Wohlwollen erwecken, das Corps der Mitglieder zu
guten Handlungen auffordern, und dergleichen
gethane öffentlich loben, belohnen, unterscheiden.

h. Deswegen soll der Präfect Anecdoten von
edeln und niederträchtigen Handluugen sammeln,
und den Minerval-Magistraten bekannt machen. In der Versammlung werden denn diese ehrenvolle oder schändliche Thaten, der nied-
rigsten wie der vornehmsten Menschen, öffentlich nebst ihrem Namen hergelesen und präco-
nisirt. Hier muß man erfahren, daß bey uns
jedem auch von der ganzen Welt verkannten
Verdienste Gerechtigkeit widerfährt, und daß
der Bösewicht auf dem Throne bey uns so gut,
oft mehr ein Schurke heißt, als der, welchen

man

man zum Galgen führt, der große Mann hingegen eine sichere Canonisation findet.

i. Widerspenstige sich klug dünkende Leute
soll man mit guter Art vom O. zu entfernen
suchen.

k. Man soll die Zöglinge gewöhnen, sich
jede moralische Wahrheit sinnlich unter Bildern
vorzustellen. Daher begünstigen wir gute Dichter, Fabeln und Romanen; und wer andere
unterrichten will, soll sich vorzüglich mit Bildern und Beyspielen bekannt machen, um seinem Unterrichte die gehörige Lebhaftigkeit zu
geben.

l. Vorzüglich aber soll man jede Lehre mit
dem Interesse des Lernenden zu verbinden wissen.

m. Es soll den untern Classen immer eine
gehörige Anzahl wohlgewählter, den Beschäf-
tigungen jedes Grades angemeßner Bücher zum
Lesen vorgeschrieben werden.

n. Er muß machen, daß über O's und andere wichtige Gegenstände alle Mitglieder nur
eine Sprache führen. Er läßt zu dem Ende
alle Untergebenen durch die Mittel-Obern unvermerkt unterrichten; dieß erhält er dadurch,
daß die Leute gewöhnt werden, in allen Dingen die Augen auf den Obern zu richten, alle
seine Handlungen und Reden, auch wenn sie
die

die Urſach nicht einſehen, für zweckmäßig zu halten, ſich zu bemühen dieſe Urſachen zu ergründen, und bey jedem Zweifel zu ſehen oder zu fragen, was er befiehlt. Beobachtet der Präfect das alles, ſo wirds ihm nicht fehlen.

3. Anhänglichkeit

zu bewirken, welche erlangt wird:

a. Wenn die Leute von der Güte der Sache, von der Reinigkeit der Abſichten, von der Wichtigkeit des Zwecks, von der Integrität der Mitglieder, von der Würde und Sicherheit der Anſtalten, von dem Nuten des erhaltenen Unterrichts, und des Schutzes gegen Bedrückung überzeugt ſind.

b. Wenn ſie in der Ferne einige Größe hoſſen dürfen,

c. Wenn ſie indeſſen die zunehmende Güte ihres moraliſchen Characters fühlen,

d. Wenn ſie empfinden, daß ihr eigenes Intereſſe mit dem des O's unzertrennlich verbunden iſt, daß man nur im O. glücklich ſeyn kann, außer demſelben keines ſichern Glücks gewiß ſeyn kann, .

e. Wenn ſie größere Einſichten erwarten,

f. Wenn Gewohnheit den O. als die einzige Quelle ihres Glücks anzuſehen, ſie feſſelt.

Welcher Mensch sollte nicht an einer Sache hängen, durch welche er Unterricht, Bildung, Schutz
gegen Unglück, Seelenruhe, Verbesserung seines Characters erhalten hat, wo er in der Ferne große Einsichten und noch fernere Wohlthaten bemerkt, bey welchem der Entschluß zur
Nothwendigkeit geworden ist, nicht für sich,
sondern für die Menschen zu leben, und der diese ihm so habituelle Denkungsart nur hier allein, sonst nirgends befriedigen kann.

g. Wenn bey jedem Mitgliede eine Fertigkeit
zum Guten zu wirken und edel zu handeln entsteht; denn eher ist man seines Mannes nicht
versichert, als bis der Gedanke der Welt zu nützen sein größtes Bedürfniß wird.

h. Man soll also Lagen erdenken, wodurch
die Mitglieder oft und beständig an den O. denken, wodurch solcher beynahe ihre einzige hellste
ausgezeichneteste Idee wird. Alles muß ihn daran erinnern. Man muß den O. zu eines jeden Steckenpferde machen. Hier bedenke nur
der Präfect, welcher Mittel sich die Römische
Kirche bedient, ihre Religion sinnlich zu machen, und jeden Menschen beständig vor die Sin-
nen zu halten.

i. Die Obern sollen auch ihre Leute nicht zu
sehr anstrengen, noch durch ewiges Moralisiren
eckel-

eckelhaft machen, sonst würden sie mehr verderben, als gut machen.

k. Ueber alle diese Dinge ist hier nur wenig
gesagt. Der Präfect soll nebst den übrigen Regenten alle Aufmerksamkeit zu fernerer Untersu-
chung derselben anwenden. Nichts muß ihm so
angelegen seyn, als die Bildung und Anhänglichkeit seiner Untergebenen. Er soll daher bedacht seyn, sich verschiedne Entwürfe und Vorschläge zu Bewirkung dieser Stücke vorlegen zu
lassen. Zu keiner Zeit kann über diese Grundlage unsers O's genug geschrieben und gesagt
werden. Durch auszutheilende Aufgaben hat
jeder Präfect Gelegenheit, diese Materie vollständig zu untersuchen, und unvermerkt die Einsichten seiner Untergebenen zu nützen. Ueberhaupt passen nicht alle Regeln aller Orten, deswegen soll sich der Präfect und die übrige höhere Obern den Kunstgriff merken, über Dinge
worin sie nicht hinlänglich unterrichtet sind,
oder welche noch einer weitern Bearbeitung bedürfen, Preisfragen aufzuwerfen, und die besten
belohnen. Auf solche Art muß in jeder Provinz das Gebäude nach den Local-Umständen
erst nach und nach seine Consistenz erhalten;
und die Kleinern selbst den Bau vollführen, den
sie schon errichtet glauben. Der Schwache wird
der

der Lehrer des Stärkern, ohne daß dieser sich zu schämen, braucht, von jenem zu lernen.

l. Die Leute müssen ermuntert werden, sich wechselsweise zu helfen, grosmüthig, gefällig, freygebig gegen einander, und also gegen dem O. zu seyn.

4. Folgsamkeit.

Wenn die Leute gebildet sind, einen großen Entwurf, ein großes System gehörig zu empfinden, so ist kein Zweifel, daß sie die Befehle der Obern gerne vollziehen werden. Wer sollte dem nicht gerne folgen, der bisher gut und sicher geführt hat, der mir die gegenwärtige Seligkeit verschafft, von dem ich noch mehr zu hoffen habe? Hinweg mit dem Menschen, dem es unter solchen Vortheilen an Folgsamkeit fehlt! Hinaus mit ihm aus der Gesellschaft der Edeln! Man kann vermuthen, daß jeder moralisch gute, von der Würde des Zwecks durchdrungne Mensch gern und willig seyn wird. Aber dennoch will der O. auch hier einige Wege anzeigen, durch welche die Folgsamkeit erhalten werden kann,

a. durch gutes Beyspiel,

b. durch die Wohlthat des Unterrichts,

c. durch die Belehrung, daß im Grunde jeder sich selbst folge.

d. Durch

d. Durch Beförderung und Hofnung dazu,

e. durch Erwartung größerer Kenntnisse,

f. wo es nöthig ist, durch Furcht.

g. durch Belohnung, Unterschied, Ehre,

h. durch allgemeine Verachtung dessen, der nicht folgt,

i. durch Vermeidung eigentlicher Familiarität mit den Untergebenen,

k. durch exemplarische Bestrafung des Ungehorsams,

l. durch gute Auswahl solcher Leute, auf welche man sich sicher verlassen kann, und die zu jedem Befehl bereit sind.

m. Durch die Q. L. aus denen man sieht, ob die Befehle befolgt worden sind; deswegen müssen dieselben genau und vollständig eingerichtet seyn.

n. durch ordnungsmäßige Einschickung der Tabellen von den Mittel-Obern über die Untergebenen. Je detaillirter diese sind, desto besser: denn darauf beruht der ganze Operations-Plan des O's. Man sieht daraus die Anzahl der Glieder, ihre Bildung, die Fuge und den Zusammenhang der Maschine, die Stärke und Schwäche des Ganzen, und das Verhältniß der Theile gegen einander, die Personen, welche ei-

ne

ne Beförderung im O. verdienen, und den Werth
der Versammlungen und ihrer Vorsteher.

5. Verborgenheit.

Diese ist das nothwendigste Stück. Daher
soll.

a. Auch in einem Lande, wo der O. so viel
Macht hätte, öffentlich aufzutreten, dieß doch
nie geschehen.

b. sondern der Präfect muß allem seinem
Vorhaben auf eine geschickte Art nach den Local-Umständen einen Anstrich zu geben, und
dem O. mit Bewilligung des Provinzials ein
anderes Kleid umzuhängen wissen. Wie bey den
geistlichen O. der Römischen Kirche leider! die
Religion nur ein Vorwand war, so muß sich
auch auf eine edlere Art unser O. hinter irgend
eine gelehrte Handlungsgesellschaft oder dergl.
zu verstecken suchen. Die Leute müssen dieß
Gepräge tragen.

c. Einer also verborgenen Gesellschaft kann
man nicht entgegen arbeiten.

d. Im Fall einer Verfolgung oder eines Ver-
raths können die Obern nicht entdeckt werden.

e. f. Dem Ehrgeize und den Factionen wird
durch Verborgenheit vorgebaut.

g) Man

g. Man ist gegen Spionen und Emissarien anderer Gesellschaften in undurchdringliche Nacht gehüllt.

h. Der Präfect soll darauf halten, daß nicht leicht mehr als zehen Mitglieder in einer Minerval= Versammlung zusammen gehen. Im Fall aber an einem Orte mehr Mitglieder sind, soll er sie in zwey Versammlungen theilen, oder wechselsweise frequentiren lassen.

i. Wenn an einem Orte zwo Minervalfir= chen sind, soll eine der andern so viel möglich verborgen bleiben.

k. Der Präfect soll nicht leiden, daß ein Mitglied dem andern diejenigen Brüder offen= bare, die es in andern Ländern kennen gelernt hat.

l. Außer dem Nothfall soll kein Fremder bey den Minerval-Versammlungen zum Besuche zu= gelassen werden.

So viel über die Art der Direction des un= tern Gebäudes, und was dabey zu beobachten ist. Noch ist zu bemerken.

XII. Der Präfect ernennt die Magistraten der Minervalkirchen entweder aus freyen Stü= cken, oder auf Vorschlag der Superioren; die= se aber werden nur von ihm dem Provinzial vorgeschlagen und bestätigt oder verworfen. Er

muß

muß für jeden Obern, den er setzt, einstehen.

XIII. Der Präfect soll wohl Acht geben, daß in den Versammlungen und ⌐⌐ welche ihm unterworfen sind, alles still, gesetzmäßig und anständig hergehe, daß auch darinn nichts gegen Religion, Staat und gute Sitten geredet werde, welches sonst scharf geahndet werden muß; so wie er überhaupt nie genug auf pünctliche wörtliche Befolgung aller Vorschriften dringen kann.

XIV. Wo es angehen kann, soll der Provinzial suchen an dem gelegensten Orte seiner Provinz eine Bibliothek, ein Naturalien-Cabinet; Museum, eine Manuscripten-Sammlung und dergleichen anzulegen.

XV. Der Präfect soll langsam und vorsichtig zu Werke gehen, nur so viel thun, als er jedesmal sicher thun kann, besonders behutsam soll er in der Beförderung seyn. Keiner muß eher weiter kommen, als bis er die zum folgenden Grade gehörige Ideen und Eigenschaften schon hat. Hierbey kann keine Aengstlichkeit übertrieben seyn.

XVI. In den Freymaurer ⌐⌐ kann man, wie bekannt, auch Leute aufnehmen, die nicht

zu

zu unserer Verbindung gehören. Der Präfect soll aber Sorge tragen, daß diese nicht den Ton verstimmen, daß es redliche gesetzte Leute seyen, und daß sie dem O. von irgend einer Seite nützen.

XVII. Der Präfect soll ohne Erlaubniß des Provinzials sich in keine O. Correspondenz ausser seiner Präfectur einlassen.

XVIII. So wie er die Superioren und Meister von den Stühlen über alle diese Puncte gehörig instruiren muß, so soll er auch über alle wichtige Zweifel beym Provinzial anfragen.

XIX. Macht er sich aber diese Satzungen gehörig bekannt, befolgt er sie gennu, hat er stets das Ganze vor Augen, sorgt er, daß jeder nicht mehr und weniger thue, als seinen Platz zu erfüllen, so wird er alles, was er nöthig findet, oder ihm aufgetragen wird, ausrichten können.

D.
Instruction für die Provinzialen.

I. Der Provinzial soll sich mit der ganzen Verfassung des O. so bekannt machen, daß er das System im Kopf habe, als ob er es erfunden hätte.

II.

II. Das Directions-System, der Unterricht für die Regenten, und die Instruction der Local-Obern müssen ihm die Grundlagen seiner Handlungen seyn, deren keine unnütz geschehen darf.

III. Er wird von allen übrigen Regenten der Provinz gewählt, und dann von dem National-Obern bestätigt, ein anderer *), gesetzt, auch kann er von den höhern Obern seines Amts entsetzt werden.

IV. Er soll ein gebohrner Sohn der Provinz, oder doch des Landes kundig seyn.

V. Ein Mann, so viel möglich, frey von öffentlichen Geschäften und Verbindlichkeiten, um ganz dem O. anzuhängen.

VI. Er muß den Anschein haben, als wenn er Ruhe suchte, und sich den Geschäften entzogen hätte.

VII. Er muß sich, wenn's seyn kann, an demjenigen Orte der Provinz aufhalten, an welchem er, als dem Mittelpunkte, dieselbe am leichtesten dirigiren kann.

VIII. Sobald er Provinzial wird, legt er seinen bisherigen O's Namen ab, welchen ein Anderer nebst den von ihm gesammelten Nach-

rich-

*) Hier scheint etwas zu fehlen.

richtet über die Person des Mannes bekommt.
Er aber erhält einen andern Namen; den die
höhern Obern bestimmen. Auch führt er ein
Petschaft über seine Provinz, wovon ihm die
Zeichnung überschickt wird, und welche die Pro-
vinzialen gewöhnlich in einem Ring tragen.

IX. Die bisher im Provinzial-Archiv befindlichen Acten werden an ihm abgeliefert,
als wofür die übrigen Regenten, und daß
vorher alles versiegelt werde, bis der neue
Provinzial ernennt ist, sorgen müssen.

X. Der Provinzial steht unmittelbar unter
einem National=Inspector, an denselben muß
er monathlich einmal einen Hauptbericht über
seine Provinz erstatten, und zwar weil ihm
die Local-Obern erst 14 Tage nach Ablauf
des Monaths berichten, so bekommt der In-
spector allezeit den Bericht vom May erst gegen Ende des Junius u. s. f. Ein solcher Bericht aber muß in 4 Haupttheile getheilt,
nemlich von jeder seiner untergeordneten Präfecturen insbesondre, und wird darinn angemerkt, was in jedem Pflanzorte merkwürdiges
und in jedem Fach vorgefallen war, aufgenommen und befördert worden, nemlich wie

XX. Wenn einem Mitglied, das man nicht hart angreifen darf, Verweiß zu geben ist, so soll er dieß mit unbekannter Hand unter dem Namen: Basilius thun. Dieser Name, welchen niemand führt, ist ausdrücklich im O. zu diesem Endzweck bestimmt.

XXI. Er schreibt von Zeit zu Zeit den untern Classen auf Vorschlag des Presbyters Bücher zum Lesen nach dem Bedürfniß jedes Grades vor.

XXII. Er erbricht die Soli der kleinen Illuminaten, Magistraten und Schottischen Obr; auch die Q. L. der Ritter und Presbyter, wie auch die Primo der Novitzen. Aber die Primo der Minervalen, die Soli der Ritter und Presbyter, und die Q. L. der Regenten erbricht er nicht.

XXIII. Bis zum Regentengrad darf er ohne Bewilligung des National-Inspectors nicht ertheilen.

XXIV. Er soll dem Decanus der Priester monathlich anzeigen lassen, zu welchen Fächern die indessen aufgenommnen Minervalen, sich haben einschreiben lassen.

XXV.

XXV. Er soll seine Archive in Ordnung erhalten, folglich Tabellen, Reserve und die Acten der Ritter rc. von jeder Person einzeln heften lassen.

XXVI. Ueberhaupt soll er für geschickte Mitarbeiter in scientificis sorgen.

XXVII. Die beste an ihn geschickte Abhandlungen, und alles, was die Presbyter angeht, z. B. die Lebensläufe, Charactere rc. soll er richtig an den Decanus besorgen.

XXVIII. Er soll sich ben seinen Kunstgrif merken, durch Beförderung in der Priester Classe einem zur politischen Direction unfähigen, übrigens aber geschickten Mann von dieser Seite in Unthätigkeit zu setzen.

XXIX. Er soll sorgen, daß wenn mehr als 12 in einem Capitel sind, der tüchtigste in die Priester Classe komme, und daß

XXX. in jedem Capitel ein Priester sey, und zwar ein solcher, dem er dieß am liebsten anvertrauen will, indem derselbe sein heimlicher Censor in diesem Capitel ist.

XXXI. Er soll nicht versäumen, auf den Conventen die wichtigsten Angelegenheiten der

Pro.

Provinz mit den Höchsten Regenten zu überlegen. Auch, der meiste Mann bedarf Rath und Hülfe.

XXXII. So wie der Provinzial vom National-Obern ein Patent erhält, so ertheilt derselbe den Capiteln, welche die vom National-Inspector vorgeschriebenen Namen bekommen, Constitutionen nach folgender Formel:

Wir von der großen National-Loge im Orient (von Teutschland) constituirte Provinzial-Großmeister und Kreiß-Beamter des — — Kreises thun kund und bekennen kraft dieses Briefes, daß wir dem hochwürdigen Bruder (D. Name,) Herrn — — (weltlicher Name,) volle Macht und Gewalt ertheilen, ein geheimes Capitel der heiligen Schottischen Freymaurerey anzulegen, und von daher nach Maasgabe seiner Instruction die königliche Kunst durch Anlegung von Freymaurer ⊡ der drey symbolischen Grade auszubreiten. So geschehen im Directorio des — Kreises —

(L. S.)

Geheime Provinzial-Direction.

(Folgt die Unterschrift.)

&c.   XXXIII.

XXXIII. Um alles kurz zu fassen, so soll der Provinzial seine Provinz auf einen solchen Fuß setzen, daß er darinn alles Gute unternehmen, alles Böse hindern könne. Glücklich das Land, in welchem der O. diese Macht erlangt hat! Aber dieß wird ihm nicht schwer werden, wenn er den Anweisungen der Obern genau folgt. Er wird mit so viel geschickten, moralisch gebildeten, folgsamen, im Verborgenen arbeitenden Männern alles ausrichten, alles edle möglich, alles schlechte unwirksam machen. — Also keine Nachsicht gegen Fehler, kein Nepotismus, keine Feindschaft. — Nur die Rücksicht auf das allgemeine Wohl, und der Zweck des O's soll seiner Handlungen Triebfeder seyn. Und dafür lasse man uns sorgen, daß wir nur solche Männer zu Provinzialen ernennen werden, die dazu fähig sind, daß wir aber auch Mittel in Händen haben, den zu züchtigen, der die ihm von uns verliehene Macht mißbrauchen wollte.

XXXIV. Diese Macht soll nur zum Besten der Bbr. verwendet werden; allen muß geholfen werden, denen man helfen kann; Ein O's Mitglied soll man in jedem gleichen Fall allen an-

andern vorziehen, für sie, besonders für den geprüftesten, Geld, Bedienungen, Ehre, Gut und Blut verwendet werden, und Beleidigungen des Kleinsten zur Ordenssache gemacht werden.

Kritik

Kritische Geschichte

der

Illuminaten = Grade.

Kritische Geschichte
der
Illuminaten = Grade.

———— ◆ ————

Der Orden der Illuminaten ist den 1ten May
1776 von dem Spartacus (Hrn. Weishaupt,
damaligen Professor auf der Baierischen Universität
Ingolstadt, nachmaligen Herzogl. Sachsen = Go-
thaischen Hofrath) gestiftet worden; und es hat
sich dieser in vielen unter seinem weltlichen Namen
herausgegebnen Schriften auch selbst als Stifter
bekannt gemacht. S. Einige Originalschriften des
Illuminatenordens — auf Befehl Seiner Churfürstli-
chen Durchlaucht zum Druck befördert, 8. München 1787.

Der Orden war in seinem ersten Ursprunge
und über zwey Jahre lang eine eigne geheime
Gesellschaft, welche mit der Freymaurerey gar
nichts zu thun hatte. Erst im Jahre 1777 wurde
Spartacus Freymaurer 1) zu Ende des Jahrs

a 2   1778

————————————————

1) Weishaupt Nachtrag zu seiner Rechtfertigung.
S. 43.

1778 fiel man auf den Gedanken, den Illumina=
tenorden mit der Freymaurerey in Verbindung zu
bringen. Cato (Herr von Zwackh damals Pfalz=
Baierischer Regierungs = und nachher Fürstl. Sal=
mischer geheimer Rath) welcher erst den 27. No=
vember 1778 Freymaurer geworden war, meldet
in seinem Diario: daß er mit dem Abbate Ma=
rotti in Betreff der Maurerey eine Unterredung
gehabt, worinn ihm dieser das ganze Geheimniß,
welches sich auf die alte Religion und Kirchenge=
schichte gründe, erklärt, auch ihm alle hohe Grade
bis auf jene der Schatten mitgetheilt habe 2).
Er schrieb dieses den 30. November an den Spar=
tacus, und that ihm, wie aus dessen Antwort zu
ersehen ist, den Vorschlag, den Orden mit der
Freymaurerey in einen gewißen Zusammenhang zu
setzen. Spartacus antwortete ihm den 2. Dezem=
ber: Er wolle seinen Vorschlag überdenken: Er
selbst habe die Einsicht in dieses Gebäude der Frey=
maurerey in seinen Plan aufgenommen, aber
erst für spätere Grade bestimmt 3). Den 6. De=
zember schrieb Spartacus abermals an Cato: Er
wolle ihm seine Meynung über seinen Vorschlag
und seine Zweifel zuschicken. Doch sey er bereits
mit ihm einig, daß alle Areopagiten (so nennten
sich

2) Originalschr. Seite 297.
3) L. c. Seite 285.

sich die Vornehmsten in dem Illuminatenorden)
von ihm die drey ersten Grade der Maurerey
erhalten sollten 4). Auch wollte er, daß in Athen
(München) und Erzerum (Eichstädt) Freymau=
rer = Logen angelegt werden sollten. Cato antwor=
tete den 7. Dezember: daß er darüber mit andern
kommuniciren, es auch dahin bringen wollte, daß
für die Loge in Erzerum eine Konstitution von
Berlin erhalten würde, worauf man die von Athen
von derselben separirt halten, und die Athener
Loge als die Mutterloge angeben könnte 5).

Die Absicht von diesem allen war, wie Cato
solche in gedachten Diario aus einem nicht mehr
vorhandnen Brief des Spartacus an den Celsus
angegeben hat 6): daß die Illuminaten eine eigne
Maurerloge halten, daß sie diese als ihre Pflanz=
schule betrachten; Einigen von diesen Maurern
das, was die Illuminaten mehreres, als die
Maurer hätten, nicht einmal offenbaren, sich
bey jeder Gelegenheit mit der Maurerey decken,
noch eins und das andere den Maurerstatuten bey=
fügen, diejenigen aber, welche nicht zum Arbei=
ten (in dem Illuminatenorden) taugten, in der
Maurerloge, wo sie allenfalls avanciren, aber
nichts

4) l. c. Seite 286.
5) l. c. Seite 291.
6) l. c. Seite 300.

nichts von dem weitern Syſtem erfahren ſollten, laſſen, und den Maurern folgende Geſchichte er= zählen wollten; Die Maurerey ſey zu betrachten, wie der Franciscanerorden; in ſolchem befänden ſich Franciscaner, Minoriten, Kapuziner; im Grund aber ſeyen alle Franciscaner: So ſey es auch hier; ob wohl im Grund nur ein Maurerorden in der Welt ſey, ſo ſeyen doch drey große Branchen, in welche dieſer Körper vertheilt ſey, u. ſ. f.

Spartacus wußte jedoch damals noch nicht alles von der Maurerey. Denn er ſchrieb unter dem 6. Jan. 1779 an M. C. Porcius (welches offenbar eben der Cato iſt) unter andern folgen= des: „Die wichtige Entdeckung, ſo Sie an dem Abbate Marotti gemacht haben, erfreut mich ungemein. Nutzen Sie dieſen Umſtand, ſo viel möglich. Suchen Sie durch ſolchen die wahre Ge= ſchichte und die erſten Urheber der Maurerey zu erfahren. Denn mit dieſer allein kann ich noch nicht ganz einig werden, obwohlen ich auch etwas errathen wollte." 7)

So viel aus den in den Originalſchriften ent= haltenen Briefen erhellt, iſt noch mehrmals über dieſe Verbindung des Illuminatismus mit der Frey= maurerey gerathſchlagt worden. Die Sache ſelbſt iſt aber erſt nach dem Zutritt des Philo (Frey=

herr

7) Originalſchriften Seite 303.

Herr von Knigge, jetzigem Churbraunschweigischem Oberhauptmann in dem Herzogthum Bremen) zu Stande gekommen. Nach seiner eignen Erzählung kam er im Julius 1780 zu Frankfurt am Mayn mit dem Diomedes (Marchese von Costanza) welchen die Illuminaten aus Baiern abgeschickt hatten, um in protestantischen Ländern Kolonien anzulegen, in Bekanntschaft, erfuhr von ihm die Existenz der Illuminaten, und wurde aufgenommen 8).

Letzteres mag allenfalls gegründet seyn; aber sicherlich hatte er vorher schon Nachricht von der Existenz des Ordens und dessen System. Denn Spartacus meldet in einem Brief vom 28. Februar 1780 und also vier Monate vor dieser Bekanntschaft, er habe ihm die Sache des Cato zugesandt. Da Philo wahrscheinlich hierüber seine Meynung eröffnen sollte, so setzt dieses eine frühere Wissenschaft von der Anstalt voraus. Doch hieran ist wenig gelegen; vielleicht hat den Philo sein Gedächtniß irre geführt 9).

Philo korrespondirte hierauf nach München, erhielt im November einen Brief von Spartacus 1), schlug

8) Philo's endliche Erklärung und Antwort u. s. f. Hannover 1788. S. 32.

9) Originalschr. Seite 353.

1) Originalschr. Seite 355.

ſchlug dem Spartacus neue Kandidaten zum Or=
den vor, nahm ſich der ganzen Sache mit Ernſt
an, und brachte viele Freymaurer zu den Illumi=
naten 2). Das Jahr darauf im November 1781
reiſete er ſelbſt nach Baiern 3) und erhielt von den
Areopagiten den Auftrag, alle bisherige von Spar=
tacus verfertigte Sachen, wobey dieſer nicht im=
mer mit ſich ſelbſt einig war, und von Zeit zu
Zeit manches geändert und zugeſetzt hätte 4), in
Ordnung zu bringen, und das ganze Syſtem,
bis auf die höhern Myſterien, auszuarbeiten,
und hierauf alles an die Areopagiten und den
Spartacus einzuſchicken 5). Doch muß er bereits
vorher manches bearbeitet haben, da Spartacus
ſeiner Arbeiten ſchon in einem Brief vom 26. May
1781 gedenkt 6).

Auch wurde ſein Vorſchlag (der jedoch nach
dem Obigen nicht urſprünglich von ihm herrührte)
das Ganze an die Freymaurerey anzuknü=
pfen, und vom großen Illuminatengrade an alles
auf die freymaureriſchen Hieroglyphen zu
ſtützen, genehmigt 7).

Nach

2) Philo's Erklär. Seite 39.
3) l. c. Seite 57.
4) Originalſchriften, durchaus.
5) Philo's Erklärung. Seite 78.
6) Originalſchr. Seite 376.
7) Philo's Erklär. Seite 79.

Nach dem hierüber abgeschloßnen Receß 8)
d. d. München vom 20. Dezember 1781 sollte
der Orden nachstehende Klassen haben:

Erste Klasse: Minervalen
   a. Noviz
   b. Minerval
   c. Minervalis Illuminatus, oder Illumina-
     tus minor.

Zweyte Klasse: Freymaurer
   a. Lehrling
   b. Gesell
   c. Meister.

Dritte Klasse: Mysterienklasse
   a. Illuminatus minor, oder Schottischer Noviz
   b. Illuminatus dirigens, oder Schottischer
     Ritter.

Die höhern Mysterien sollten bestehen in einem
   a. Priestergrad; wobey die eigentlichen Prie-
     ster, als Vorsteher der wissenschaftlichen
     Sätze, von den Magis oder höhern spe-
     kulativischen Köpfen unterschieden und also
     bereits zwey Abtheilungen in diesem Grad
     vorausgesetzt wurden.
   b. Regentengrad; damals noch ohne weitere
     Abtheilung, welche erst nachher dazu kam.

Die

8) Nachtrag von weitern Originalschriften der Illuminaten, 8. München 1787, zweyte Abtheil.
Seite 8.

Die höhern Myſterien ſollten erſt in der Folge verfaßt, und indeß Materialien von den Areopagiten geſammelt, und an den Philo eingeſendet werden. Dieſer ſollte das Skelett alsdann entwerfen, ſolches unter den Areopagiten circuliren laſſen; wenn alles berichtigt ſey, ſollte es der General Spartacus bekommen; alsdann alles ganz ausgearbeitet, wieder herumgeſchickt, ins Reine gebracht, und nachher ausgetheilt werden.

In Anſehung der drey erſten Klaſſen und deren Unterabtheilungen waren bereits Aufſätze vorhanden, welche Philo mit ſich nahm, und ſich zu Frankfurt am Mayn, wo er damals gewöhnlich war, an die Arbeit machte 9). Es wurden auſſer den im obgedachten Receß enthaltnen Sachen noch einige weitere Verabredungen getroffen: Z. E. Philo ſollte das Freymaurerrituale der drey ſymboliſchen Grade, wovon auch ſchon ein Aufſatz vorhanden war 1), nebſt einem Konſtitutionsbuch ausarbeiten, und daſſelbe ſo viel möglich in allen Logen durch den Einfluß der Illuminaten einführen laſſen, und alles ſo einleiten, daß dieſe in den Logen der verſchiednen Syſteme die Oberhand bekämen, um den müßigen Haufen der Freymaurer für die gute Sache in Thätigkeit zu ſetzen. Auch bedung er ſich aus, daß denen durch

ihn

9) Philo's Erklär. Seite 82.

ihn aufgenommenen, und überhaupt allen Unter=
gebenen, keine Bücher anempfohlen werden sollten,
in welchen die Lehren der christlichen Religion
angegriffen würden: daß man Vorsichtigkeit in
Ansehung der Pflichten und Verhältnisse gegen die
Staaten anempfohlen, und überhaupt die gänz=
liche Entwickelung der religiösen und politi=
schen Grundsätze des Ordens, als welche das
reifste Nachdenken erforderten, bis auf die gro=
ßen Mysterien versparen und diese vorerst noch
nicht ausarbeiten sollte 2). Also sollten die ge=
dachten Grundsätze erst in dem Priester = und Re=
gentengrad, woraus damals die höhern oder gro=
ßen Mysterien bestehen sollten, vorgetragen wer=
den. Nachher hat sich, wie sichs gleich zeigen
wird, die Sprache in etwas geändert, so daß
man die vorhin sogenannte dritte Mysterienklasse
nicht mehr mit diesem Namen belegt, und dage=
gen in den so betittelten höhern Mysterien, wie=
der eine Abtheilung in die kleinere und größere
Mysterien beliebt hat.

Philo arbeitete die ihm aufgetragenen Sachen
aus, und so bekam nunmehr der Orden folgende
etwas veränderte Gestalt, Klassen und Grade 3).

Die

1) Nachtrag der Originalschr. 2. Abth. S. 10.
2) Philo's Erklär. Seite 79, 80.
3) Philo's Erklär. S. 89. u. f. Nachtrag der Ori=
ginalschrift, 1. Abth. S. 108.

Die erste Klasse war, wie sie Philo nennt, die Pflanzschule, und begriff das Noviziat und die Minervalklasse. Dazu gehörten verschiedne Auf= sätze, z. B. ein Vorbereitungsaufsatz, in welchem ein allgemeiner Begriff vom Orden gegeben wird, die allgemeinen Ordensstatuten, die Statuten der Minervalen, eine Instruktion für die Obern der= selben. Alle diese sind auf die Aufsätze des Spar= tacus erbaut, und nachher in folgenden Werkchen gedruckt worden: Der ächte Illuminat, oder die wahren unverbesserten Rituale der Illu= minaten, enthaltend 1. die Vorbereitung, 2 No= viziat, 3. den Minervalgrad, 4. den kleinen und 5. großen Illuminatengrad. Ohne Zusatz, und ohne Hinweglassung, 8. Edeßa 1788 (Frankfurt am Mayn, bey Hermann). Philo erkennt diesen Abdruck für ächt, und sagt, ob er gleich nicht wisse, von wem er herrühre, so sey doch alles so, wie es aus seiner Hand gekommen sey 4). Ein beträchtlicher Theil dieser Dinge steht auch im Ersten Theil (kein zweyter ist erschienen) der voll= ständigen Geschichte der Verfolgungen der Il= luminaten, 8. Frankfurt und Leipzig 1786, (Nürn= berg) in der Grattenauerischen Buchhandlung 5).

Man=

---

4) Philo's Erklär. Seite 96.
5) Seite 119 — 221.

Manches auch schon in dem Schreiben an Herrn Hofkammerrath Utschneider, 8. 1786. 6).

Die zweyte Klasse sollte nach obigem Receß nur die drey Grade der symbolischen Maurerey begreifen, worüber auch ein Rituale, davon schon etwas zur Zeit des Recesses vorhanden war 7) und ein Konstitutionsbuch ausgearbeitet werden sollte, auch wirklich ausgearbeitet wurde 8), aber in dem vorhin gedachten ächten Illuminaten nicht befind=lich, auch meines Wissens noch nicht gedruckt ist. Nach jenem Receß sollte die Schottische Maure=rey eine eigne und zwar die dritte, oder sogenannte Mysterienklasse ausmachen. Man hat aber dieselbe nachher mit zur zweyten Klasse gerechnet. Ob Philo, oder wer sonst den ersten Einfall dieser Veränderung gehabt, findet sich nicht; es ist auch hieran nichts gelegen, da diese Abänderung nach=her von Spartacus und seinen Areopagiten geneh=migt worden. Von nun an gehörten die Schotti=schen Grade nicht mehr zu der sogenannten My=sterienklasse, sondern diese Klasse erhielt eine andre Einrichtung und Abtheilung; wie aus dem folgen=den erhellen wird,

Die

6) Seite 56 — 136.
7) Nachtrag der Originalschr. 2. Abtheil. Seite 10.
8) Philo's Erklär. Seite 79. Nachtrag 1. Abth. Seite 108.

Die Schottiſche Maurerey hatte zwey Grade
1. den Schottiſchen Novizen, der auch Illuminatus major heißt, und 2. den Schottiſchen Ritter, welcher auch Illuminatus dirigens genennt
wird. Jener iſt ebenfalls in dem bemeldten ăch-
ten Illuminaten abgedruckt; dieſer aber nicht.
Philo ſagt, daß der Illuminatus dirigens, oder
Schottiſche Ritter, zur Zeit als er ſeine Erklărung
ſchrieb (das iſt 1778) noch nicht gedruckt ſey 9)
Ich entſinne mich auch nicht, ihn nachher anderſtwo gedruckt gefunden zu haben.

Das Publikum verliehrt auch dabey eben nicht
viel. Denn ſelbſt nach obigem Receß ſollten die
Schottiſchen Grade nichts enthalten, woraus man
den geheimen Plan und die eigentliche Abſicht des
Ordens abnehmen könnte. Denn es heißt daſelbſt
bey Gelegenheit der höhern Myſterien: „Taugt
der Mann zu nichts beſſerm, ſo bleibt er Schottiſcher Ritter." 1)

Indeß kann man den weſentlichen Inhalt deſſelben aus der Erzählung des Philo, und aus dem
in dem Nachtrag enthaltenen Briefen, ohnſchwer
erſehen. Da man einmal die Abſicht hatte die Religion mit in das Syſtem zu verweben, theils
um ſich den Weg zum völligen Aufſchluß, oder,
wie

9) Philo's Erklär. Seite 106.
1) Nachtrag zu den Originalſchr. 2. Abth. S. 18.

wie Philo oben sagte, zur völligen Entwickelung
zu bahnen, nach welcher, wie sich in der Folge
zeigen wird, alle positive Religion Betrug sey;
theils um die Mitglieder, welche noch Religion
hatten, nicht fornenweg abzuschröcken, weßwegen
auch Philo zum öftern gegen die unvorsichtige
Auskramung des Deismus warnte 2), auch Andre
sich daran stießen, daß Leute im Orden seyen, die
alle Religion als Aberglauben lächerlich zu machen
suchten 3) so fand Philo für gut, dieses auf eine
behutsame Art in dem Schottischen Rittergrad zu
thun, und so mit den Uebergang zu der nun sogenannten Mysterienklasse, welche ursprünglich den
Priester- und Regentengrad unter dem Namen der
höhern Mysterien enthalten sollte 4) zu erleichtern.
Demnach wollte er die christliche Religion, so wie
er sie sich vorstellte, und von welcher er behaup-
tete, sie sey, wenn sie von Menschensatzungen gereinigt, und unmittelbar, und ohne Verdrehung
aus der Bibel geschöpft würde, unter allen positiven Religionen die beste, (auf eine Zeitlang) auf-
rechthalten, und sie dadurch interessant machen,
daß

2) Nachtrag der Originalschr. 1. Abth. Seite 200,
und 205.

3) l. c. Seite 182.

4) Nachtrag 2. Abth. Seite 18. Philo's Erklär.
Seite 96.

daß man das Andenken ihres göttlichen Stifters durch einfache, herzergreifende Zeremonien, nach Schottiſcher Maurer Weiſe in den Verſammlungen feyerte, und die Freymaurerey, wie ſie es auch wohl ihrer Stiftung nach hätte ſeyn ſollen, als den engern Ausſchuß (Aufſchluß ſcheint ein Druckfehler zu ſeyn) beſſerer Chriſten darſtellte. Daher hatte er auch ein Ritual zu Feyerung der Agapen oder Liebesmähler nach Art der erſten Chriſten erdacht und beygefügt 5).

Philo, ein Proteſtant, war ein großer Freund von Zeremonien 6), Spartacus aber, ein Katholik, war es nicht. Daher war dieſer auch mit dem vom Philo verfertigten Schottiſchen Rittergrade nicht ganz zufrieden. Er ſchrieb in einem Brief an den Cato 7), folgendes: „Laſſen Sie mit Ertheilung des Rittergrades noch auf eine kurze Zeit Innſtand halten, laſſen Sie ſolchen neu abſchreiben, dabey aber laſſen Sie aus 1. den Revers, 2. das Liebesmahl, 3. die von Philo verfaßte kauderwelſche halbtheoſophiſche Anrede, und Erklärung der Hieroglyphen. Statt deſſen erhalten Sie dieſer Tagen eine von mir neuverfaßte ſehr zweckmäßige wichtige Anrede. Ich habe es vor nöthig befun-

5) Philo's Erklär. Seite 104 — 106.
6) l. c. Seite 115.
7) Nachtrag der Originalſchr. 1. Abth. Seite 66.

befanden, diese Abänderung zu machen, weil dieser Grad offenbar der elendeste von allen ist, sich so gar nicht zu den übrigen schickt, aller Achtung der Leute, die mit jedem Grade wachsen sollte, vermindert, und wie die Beylage zeigt, den M. Aurellus nebst noch mehr andern scheu gemacht. F. — — und mehr andre nennen es jouer la Religion, und sie haben recht."

Diese Anrede des Spartacus ist jedoch nicht gleich angenommen und eingeführt worden. Denn Philo schreibt, er habe alle seine Grade von den Areopagiten genehmigt, und mit Spartacus Ordens-Pettschaft und Chiffer beglaubigt, zum Austheilen zurück erhalten. Daß seine Anrede abgeändert worden, meldet er nicht, sondern setzt bloß hinzu: Nur fand man, daß die religiösen Zeremonien im Schottischen Rittergrad ohne Gefahr in katholischen Ländern, nicht leicht einzuführen seyn würden, und bedung sich daher aus, diese nach den Umständen weglassen zu dürfen. Alles Uebrige war ihnen Recht 8)."

Nach der zwischen Philo und Spartacus seiner eignen Anrede. Denn er sagt in einem Brief vom 2. Febr. 1785 an die Areopagiten, bey Gelegenheit der Grade, welche dem Churfürsten vorgelegt

8) Philo's Erklär. Seite 123.

B

gelegt werden ſollten: „ Man übergiebt den Illuminatus dirigens, die Zeremonien der Aufnahme,
und meine Anrede: alles übrige hinweggelaſſen. "
Dieſe Anrede iſt erſt im Jahr 1786 im Druck erſchienen, und findet ſich in der Geſchichte der
Verfolgungen der Illuminaten 9)

Noch findet ſich eine andre Anrede an die
neu = aufzunehmenden Illuminatos dirigentes von
des Spartacus Handſchrift in dem Nachtrag der
Originalſchriften 1). Was es damit für eine Bewandniß habe, wird ſich gleich aufklären.

Die nunmehr ſogenannte dritte Myſterien-
klaſſe hätte zwey Abtheilungen: 1. die kleinern
und 2. die größern Myſterien. Zu jenen gehörte
der kleine Prieſtergrad (Presbyter) und der
kleine Regentengrad (Prinzeps). Dieſe beyden
hätte Philo ebenfalls ausgearbeitet; die größern
Myſterien aber waren bey ſeinem gänzlichen Abgang von dem Orden, das iſt den 1. Julius 1784
noch nicht gemacht 2) oder, da ſchon mit dem
Anfang des Jahrs 1783 ſein Briefwechſel mit
Spartacus ein Ende nahm 3) ihm auch wohl nicht

---

9) Seite 222 — 250.
1) 2. Abth. Seite 44 — 121.
2) Philo's Erklär. Seite 139. 119. Nachtrag der
   Originalſchr. 1. Abth. Seite 108.
3) Nachtrag, 1. Abth. Seite 116. 117. 128.

kommunicirt worden. Denn unterm 28. Decem=
ber 1784 gedenkt Spartacus der schon vorhandnen
zwey Grade der höchsten Mysterien 4).

Bey dem kleinen Priestergrad hatte Philo
fast alles aus des Spartacus Aufsätzen genommen,
und deſſen ſogenannte in dem Nachtrag der Origi=
nalſchriften 5) nachher abgedruckte Anrede an die
Illuminatos dirigentes 6) und die Inſtruktion der
Provincialen in scientificis zum Grunde gelegt 7).

Bey dem kleinen Regentengrad war das
Weſentliche wiederum vom Spartacus. Dabey
hatte Philo die erſte Helfte der Provincialinſtruk=
tion (welche ſich im Nachtrag der Originalſchrif=
ten jedoch nicht vollſtändig befindet) mit zu Hülfe
genommen 8).

Dieſe beyden Grade erſcheinen hier ge=
druckt, ſo wie ſie von Philo verfertigt, von Spar=
tacus und den Areopagiten genehmigt, von Philo
ausgetheile und mit ſeines Namens Unterſchrift
verſehen worden 9).

H 2 Die

4) l. c. Seite 223.
5) Nachtrag, 2. Abth. Seite 44. u. ſ.
6) Philo's Erklär. Seite 111.
7) Nachtrag, 1. Abth. Seite 104.
8) l. c. Seite 106. 79. 104. 2. Abth. Seite 17.
Philo's Erklär. Seite 115. 116.
9) Nachtrag, 1. Abth. Seite 106. Philo's Erklär.
Seite 123.

Die vorhin gedachte Anrede an die Illuminatos dirigentes macht nebst den Fragen die in
der Einleitung des Priestergrades befindlich sind,
das Wesentliche in dem kleinen Priestergrad aus,
und hat in demselben den Titel Unterricht in dem
ersten Zimmer. Wie kam sie aber in diesen
Grad, da sie, dem Titel nach zu urtheilen, für
den Schottischen Rittergrad bestimmt war?   –

Spartacus hatte den Kopf beständig voll von
seinen Ideen. Er arbeitete also unter der Hand
und vorläufig an manchem Aufsatz, der erst in
der Folge gebraucht werden sollte. So hatte er
z. E. noch ehe der Priestergrad ins Reine gebracht
war, schon einige Grade zu den höhern Mysterien,
fertig liegen 1) obgleich die Reihe noch nicht an
diesen seyn konnte. Oft ändert er auch seine Meynung, und gab einem Aufsatz eine andere Bestimmung. Dieß geschah namentlich mit dieser Anrede. Der Anfang derselben ist zu einer Zeit ausgearbeitet worden, wo Spartacus noch nicht mit
sich selbst einig war, wie viel Klaffen und Grade
er festsetzen und wie er sie benennen wollte. Laut
eines Briefs vom 15. März 1781 und also noch
vor jenem Receß, wollte er gar nichts von Schottischer Ritterschaft in seinem System haben; und
gerade bey Gelegenheit, daß er von dem Grad
des

1) Nachtrag, 2. Abth. Seite 69.

des Illuminati dirigentis spricht, erklärt er sich gegen dieselbe 2). In dem Receß vom 20. December 1781 aber war beliebt worden, daß Illuminatus dirigens und Schottischer Ritter einerley seyn sollte 3). Wahrscheinlich ist also jene Anrede noch vor diesem Receß angefangen worden, da in der Ueberschrift bloß Illuminati dirigentes, und keine Schottische Ritter erwähnt werden. Im Jahr 1782 vermuthlich bald nach jenem Receß, nahm Spartacus diese Anrede wieder vor, setzte sie fort und endigte sie; um sie dem Philo zuschicken zu können, welcher den Priester- und Regentengrad verlangt hatte. Denn in dem Münchner Receß, waren die Grade nur bis zum Schottischen Rittergrad festgesetzt worden 4). Daher auch Spartacus in dem unter seinem weltlichen Namen Weißhaupt herausgegebnen Nachtrag zur Rechtfertigung seiner Absichten 1787 5) gar wohl sagen konnte, er habe diese Anrede im Jahr 1782 verfaßt. Er wollte sie nun an einen andern Ort, nämlich in den Priestergrad hinbringen. Aber der Titel: an die Illuminatos dirigen-

---

2) Nachtrag, 1. Abth. Seite 9.

3) Nachtrag, 2. Abth. Seite 12.

4) Nachtrag, 2. Abth. Seite 13. 1. Abtheilung Seite 102.

5) Seite 89.

rigentes blieb im Koncept, wie er einmal war,
ſtehen; und ſo iſt dieſes unter mehrern Dokumen-
ten gefunden worden. In der an Philo geſchickten Abſchrift aber hatte man den Ausdruck: Illuminatos dirigentes wohl nicht gebraucht. Denn
dieſer meldet 6) Spartacus habe nachher, das
iſt, nachdem er Philo, bereits den Prieſtergrad
verfaßt und wieder zurück erhalten hatte, die Abſicht gehabt, dieſe Anrede ſchon in dem Grad der
dirigirenden Illuminaten oder Schottiſchen Ritter
einzuſchieben. Philo hätte den Ausdruck: nachher nicht brauchen können, wenn in der ihm zu-
geſtellten Abſchrift der dirigirenden Illuminaten in
der Ueberſchrift Erwähnung geſchehen wäre.

In Anſehung der Zeit irrt ſich indeß Philo
gewiß. Es war vorher, und zu einer Zeit, wo
Spartacus noch nicht alles in ſeinem Kopfe deutlich entwickelt hatte, als er dieſe Abſicht gehabt
haben mag, die er aber nachher, wenigſtens bald
nach dem abgeſchloßnen Receß, aufgegeben hat.
Denn in dieſem war die Eintheilung der Klaſſen
und Grade in eine gewiße Ordnung gekommen,
in welcher ſich Spartacus dieſelben vorher noch nicht
ſo deutlich gedacht haben mochte. Jenes erhellt
unter andern auch daraus, daß Spartacus den
Areopa-

6) Erklär. Seite 111.

Areopagiten unterm 2. Febr. 1785 aufträgt 7);
Sie sollten dem Churfürsten den Illuminatus dirigens mit seiner Anrede vorlegen. Hier kann
er die im Nachtrag so betittelte Anrede an die Illuminatos dirigentes, welche in dem Priestergrad
das Hauptwerk ausmachte, schlechterdings nicht
gemeynt haben. Denn in derselben steht unter
mehrern höchstbedenklichen Aeusserungen auch diese
8). Daß die Moral die Kunst sey — die Fürsten zu entbehren. Sicherlich würde er es nicht
gewagt haben, so etwas dem Churfürsten vorzulegen; wie er dann auch in dem gedachten Brief
alle Vorsichtigkeit empfiehlt, und manches abgeändert, einiges auch weggelassen wissen wollte.
Er meynte also die von ihm neu = verfaßte Anrede des Rittergrades, die in der Geschichte der
Verfolgungen 9) steht, und wovon vorhin geredet worden. Und so ist klar, daß diese ältere
Anrede nicht nachher in den Schottischen Rittergrad eingetragen worden.

Spartacus hatte diese mehrgedachte Anrede
an die Illuminatos dirigentes in eine Anrede des
Priestergrades verwandelt. Er spricht in einem
Brief an Cato ausführlich von der Anrede des
Prie-

---

7) Nachtrag der Orig. 1. Abth. Seite 225.

8) 2. Abth. Seite 93.

9) Seite 222.

Prieſtergrades, und was er von derſelben ſagt,
paßt vollkommen auf jene Anrede, und iſt in der=
ſelben wörtlich enthalten 1). „Nun bin ich end=
lich, ſchreibt er, mit der Anrede des Prieſter=
grades fertig: ich glaube ſie ſo umgearbeitet zu
haben, daß ſie richtiger, und vollſtändiger und
ungleich erheblicher iſt, als meine eigne erſte
Ausarbeitung.“ Unter dieſer ſeiner erſten Aus=
arbeitung verſteht er die in dem Nachtrag der Ori=
ginalſchriften 2) befindliche Erklärung der mau=
reriſchen Hieroglyphen, welche wirklich nicht
alles, und dabey manches enthielte, das unerheb=
lich war, oder woran Spartacus ſelbſt noch zwei=
felte. Auch ſtand bey dieſer Erklärung, die von
ſeiner Handſchrift war, auf dem Rand: „Iſt
ein Aufſatz von mir, der auch mutatis mutan=
dis in die Anrede dieſes Grades (der jedoch nicht
mit Namen genennt wird) eingetragen worden,
wie die zu erhaltende Kopie zeigen wird.“

  „Veränderungen ins Beſſere, fährt er fort 3)
nehmen unſere Leute gerne an, um ſomehr, als
ſie dieſes verlangten. Und ich meines Theils
ſchäme mich niemalen, meine Arbeiten zu verbeſ=
ſern, um ſomehr ein Orden, der ſich eigens da=

                                            3 4

1) Nachtrag der Orig. 1. Abth. Seite 68.
2) Nachtrag der Orig. 1. Abth. Seite 121. u. f.
3) Nachtrag, 1. Abth. Seite 68,

zu anheischig gemacht, sein Syſtem von Tag zu
Tag zu verfeinern. " Der Brief hat kein Datum, aber offenbar iſt nicht die Rede von dem
von Philo verfertigten Prieſtergrad, an welchem
Spartacus nachher und in andern Briefen ver-
ſchiednes auszuſetzen hatte, das er verbeſſern wollte.
Denn er bedenkt in dieſem Brief des Philo um-
ſtändlich, iſt auch in einigen Stücken mit ihm
unzufrieden, ſagt aber dabey kein Wort von des
Philo Arbeit, ſondern ſpricht, wie der Augen-
ſchein lehrt, einzig und allein von ſeiner eignen
Arbeit. Es iſt alſo dieſer Brief früher geſchrieben, ehe des Philo Prieſtergrad an den Spartacus eingelangt war, ja eher, als Philo dieſen
Aufſatz des Spartacus, worauf er ſeinen Grad
erbaut hat, erhalten hatte. Spartacus gedenkt
anderer Perſonen, denen er ſeine Anrede kommuniciren wollte 4) ſagt aber noch nicht, daß er dieſelbe dem Philo zuſenden wolle: denn die übrigen
Areopagiten in Baiern mußten ſie zuvor haben 5).

Nun giebt Spartacus den weſentlichen Inhalt ſeiner Anrede des Prieſtergrades an, und
dieſer iſt ganz der nämliche, der auch in der ſogenannten Anrede an die Illuminatos dirigentes
ent-

4) Nachtrag, 1. Abth. Seite 69. 70. 74.
5) Nachtrag, 2. Abth. Seite 15. 1. Abtheilung.
Seite 74.

enthalten iſt. „Ich glaube nun beynahe ſelbſt, ſagt er 6) (wiewohl ſolches ſein Ernſt nicht war, wie der Schluß, und eine Aeußerung in der Er= klärung der Hieroglyphen bezeugt, wo er ſagt: er müſſe über dieſe Erklärung im Grunde lachen 7), daß, ſo wie ich es erkläre, es wirklich die ge= heime Lehre Chriſti war, die Freyheit auf dieſe Art unter den Juden einzuführen: ich glaube ſelbſt, daß die Freymaurerey verborgenes Chriſten= thum iſt; wenigſtens paßt meine Erklärung der Hieroglyphen vollkommen dahin, und auf dieſe Art, wie ich das Chriſtenthum erkläre, darf ſich kein Menſch ſchämen, ein Chriſt zu ſeyn: denn ich laſſe den Namen, und ſubſtituire ihm die Vernunft. Es iſt doch wirklich keine kleine Sache eine neue Religion, Staatsverfaſſung und Erklärungen der ſo dunkeln Hieroglyphen in einen Grad ſo paſſend zuſammen zu drängen.“ Wirklich kommen des Spartacus Ideen von einer neuen Staatsverfaſſung, in welcher die Fürſten entbehrlich gemacht werden, und von der Erde verſchwinden ſollten 8) in dieſer Anrede des Prie= ſtergrades auch vor.

In

6) Nachtrag, 1. Abth. Seite 68.
7) 2. Abth. Seite 123.
8) 2. Abth. Seite 93. 80.

In einem andern Brief an Cato sagt Spar=
tacus 9). „Sie können nicht glauben, wie un=
ser Priestergrad bey den Leuten Auf= und Ansehen
erweckt.   Das wunderbarste ist, daß große pro=
testantische und reformirte Theologen, die vom
Orden sind; noch dazu glauben, der darinn er=
theilte Religionsunterricht enthalte den wahren
und ächten Sinn der christlichen Religion.   O
Menschen! Zu was kann man euch bereden:
Hätte nicht geglaubt, daß ich noch ein neuer
Glaubensstifter werden sollte.“

Eben so dachte auch Philo von der in der An=
rede des Priestergrades befindlichen Erklärung der
christlichen Religion.   Nachdem er in einem Schrei=
ben an Cato gemeldet hatte, welche Aufsätze er
bey dem Priester= und Regentengrad zum Grunde
gelegt, so setzt er hinzu 1): „Nun kam es auf
die Grundsätze an, welche man in diesen Graden
lehren müßte, um im System fortzurücken, und
da fiel mir folgendes ein: Man soll das Bedürf=
niß jedes Zeitalters überlegen.   Nun hat jetzt die
Betrügerey der Pfaffen fast alle Menschen gegen
die christliche Religion aufgebracht; aber zu eben
der Zeit reißt wieder, wie es sehr gewöhnlich un=
ter Menschen ist, die immer an etwas sich hängen
wol=

9) Nachtrag, 1. Abth. Seite 76.
1) Nachtrag. 1. Abth. Seite 104.

wollen, die ärgſte Schwärmerey ein. Um nun
auf beyde Klaſſen zu wirken und ſie zu vereini:
gen, müße man eine Erklärung der chriſtlichen Re:
ligion erfinden, die den Schwärmer zur Vernunft
brächte, und den Freygeiſt bewöge, nicht das
Kind mit dem Baade auszuſchütten, dieß zum
Geheimniß der Freymaurercy machen, und
auf unſre Zwecke anwenden. Von einer andern
Seite haben wir es mit den Fürſten zu thun.
Indeß der Despotismus derſelben täglich ſteigt,
reißt zugleich allgemeiner Freyheitsgeiſt aller Or:
ten ein. Alſo auch dieſe beyden Extrema müſſen
vereinigt werden. Wir ſagen alſo: Jeſus hat
keine neue Religion einführen, ſondern nur die
natürliche Religion und die Vernunft in ihre
alten Rechte ſetzen wollen. Dabey wollte er die
Menſchen in ein größeres allgemeines Band ver:
einigen; und indem er die Menſchen durch Aus:
breitung einer weiſen Moral, Aufklärung und Be:
kämpfung aller Vorurtheile fähig machen wollte,
ſich ſelbſt zu regieren; ſo war der geheime
Sinn ſeiner Lehre: allgemeine Freyheit und
Gleichheit unter den Menſchen wieder ohne alle
Revolution einzuführen. Es laſſen ſich alle Stel:
len der Bibel darauf anwenden und erklären, und
dadurch hört aller Zank unter den Sekten auf,
wenn jeder einen vernünftigen Sinn in der Lehre

Jeſu

Jesu findet, es sey nun wahr, oder nicht.
Weil aber diese einfache Religion nachher entwey=
het wurde, so wurden diese Lehren durch die Di=
sciplinam arcani und endlich durch die Freymau=
rerey auf uns fortgepflanzt, und alle Freymau=
rerische Hieroglyphen lassen sich auf diesen Zweck
erklären. Spartacus hat sehr viel gute Data
dazu gesammelt, ich habe das Meinige hinzu=
gethan, und so habe ich die beyden Grade ver=
fertigt, und darinn lauter Zeremonien aus den
ersten Gemeinen genommen. Da nun hier die
Leute sehen, daß wir die einzigen ächten wah=
ren Christen sind, so dürfen wir dagegen ein
Wort mehr gegen Pfaffen und Fürsten reden;
doch habe ich dieß so gethan, daß ich Päpste und
Könige nach vorhergegangner Prüfung in diese
Grade aufnehmen wollte."

Das letztere ist offenbar wider den Augen=
schein. Wer kann sich Könige, oder gar Päpste
so einfältig vorstellen, um zu glauben, sie hätten
nicht sehen sollen, wo die Grundsätze in der An=
rede des Priestergrades, oder wie es Philo betit=
telt, in dem Unterricht in dem ersten Zimmer hin=
aus wollen? Es ist ja nicht einmal ein Schleyer
darüber gezogen worden.

Die Absicht gieng unstreitig auf eine Welt=
reformation oder den sogenannten Kosmopolis=
mus,

tus, nach welchen die Stifter der Illuminaten
den Leuten alles, was ihnen bisher heilig und
ehrwürdig war, die poſitive Religion, die Staats=
verfaſſung, bürgerliche Ruhe und Ordnung unter
dem Vorwand einer allgemeinen Freyheit und
Gleichheit, womit nunmehr auch die Franzoſen
in ihrem Vaterland ſowohl als in auswärtigen
Ländern, ſo viel Unheil geſtiftet haben, entrei=
ßen, die Fürſten ihrer wohl hergebrachten Rechte
berauben und ſich die Herrſchaft der Welt allein
zueignen wollten. Philo gedenkt dieſes geheimen
Plans auch in ſeinem Diario vom Monat Auguſt
1782, wo er ſagt 2): Theogeis iſt durch des Pau=
ſanias Beſtreben im Oeſterreichiſchen als lutheri=
ſcher Pfarrer angeſetzt. Bey dieſer Gelegenheit hat
derſelbe ohnerwartet einen Brief vom Biſchoffe von
K —————— erhalten. In demſelben ſind Grund=
ſätze, als wenn ſie aus unſern Heften abgeſchrie=
ben wären: es iſt von einem geheimen Refor=
mations=Plane geredet, und gebethen, den Brief
an Niemand zu zeigen." Dieſer Plan liegt zwar
bey allen vorhergehenden Graden zum Grund, aber
in keinem iſt er ſo deutlich enthalten, als in dem
Prieſtergrad. Von dieſem rühmt Philo, er habe
den Chryſippus, ohne daß er es ſelbſt wiſſe, zu
einem halben Naturaliſten 3) gemacht.

Noch

2) Nachtr. 1. Abth. Seite 204.   3) l. c. S. 110.

Noch lange hernach 1788 gesteht Philo ein 4) man habe in demselben zu beweisen gesucht: „alle Lehren des Welt-Erlösers verriethen die höchste Weisheit und Güte, und zielten dahin, einen für die Menschheit unendlich großen und edlen Plan auszuführen, welcher kein anderer als der Plan der Verbindung der Illuminaten und der höhern Maurerey sey.“ Er giebt ihn kurz her- nach 5) noch ausführlicher an, und sucht ihn auch da noch zu rechtfertigen. „In dem Priestergrad, sagt er, wurde gezeigt, wie weisheitsvoll, beru- higend und wohlthätig die Lehre Christi sey, und welch ein großer Plan in derselben zum Grunde liege. Hier wurde nämlich auseinander gesetzt, wie der Zweck des göttlichen Erlösers dahin ge- gangen: die Menschen zu ihrer ursprünglichen Würde wieder zu erheben; durch weise Aufklä- rung die Moralität auf den höchsten Grad zu brin- gen; ein allgemeines Sittenregiment einzufüh- ren, also, daß jeder ohne Zwang aus der innern Ueberzeugung, daß nur Tugend Glück gewähren könne, der Tugend treu bliebe; alle Menschen durch Ein Bruderband aneinander zu knüpfen; alle engern Verhältnisse, welche Noth, Bedürfniß und Kampf gegen Verderbniße und Immoralität er- zeugt

4) Erklär. Seite 105.
5) l. c. Seite 109. u. f.

erzeugt hätten, dadurch aufzuheben, daß er uns
fähig machen wollte, uns ſelbſt zu regieren,
und folglich aller künſtlichen Anſtalten, aller Staats-
verfaſſungen, poſitiven Geſetze und dergleichen
entbehren zu können. Es wurde ferner gelehrt
und durch Schriften der Evangeliſten und Apoſtel
bewieſen, daß ächtes Chriſtenthum keine Volksreligion, ſondern ein Syſtem für Auserwählte
ſey; daß Jeſus den höhern Sinn ſeiner Lehre
nur ſeinen vertrauteſten Jüngern mitgetheilt habe.
Von dieſer (dieſen) hieß es, ſey dieß Syſtem
durch die Diſciplina Arcani unter den erſten Chriſten fortgepflanzt, in den Myſterienſchulen der
Gnoſticker, Manichäer, Ophiten u. ſ. f. auf dop-
pelte Weiſe, nämlich exoteriſch und eſoteriſch gelehrt, und dann endlich nach manchen Wanderun-
gen in Hieroglyphen verſteckt, ein Eigenthum des
Freymaurer-Ordens geworden. Ein großer Theil
dieſer Deduktion rührte von Spartacus ſelbſt her,
und war gewiß nicht ſein ſchlechteſtes Werk. Man
kann dieſen Theil in dem Anhange, der dem Nachtrag zu den Originalſchriften unter dem Titel:
zweyte Abtheilung, Dokumente, beygedruckt iſt,
S. 80. u. ſ. leſen. Herr Weishaupt hatte nämlich nachher (hierüber iſt in dem Vorhergehenden
ſchon erinnert worden, daß ſich Philo in Abſicht
auf dieſen Zeitumſtand wohl geirrt haben möchte).

die

die Absicht, diesen Aufsatz schon in den Grad der dirigirenden Illuminaten, bey mir Schottischer Rittergrad, einzuschieben — und ich denke, man wird den darinn geäußerten Grundsätzen seinen Beyfall nicht versagen können. Uebrigens beweisen selbst die Originalschriften, daß der Priestergrad den Edelsten unter unsern Mitgliedern groß und wichtig vorkam. — Und wie hätte es auch anders seyn können? Man lese nur die eben angeführten Blätter, die einen Theil desselben ausmachen! Man lese unpartheyisch und urtheile, ob darinn nicht die Lehre Jesu aus einem erhabenen, reizenden Gesichtspunkte dargestellt wird. Freylich wird mancher darinn einige dogmatische Sätze vermissen, die zwar nichts weniger als geleugnet, doch aber hier nicht eigentlich bestimmt gelehrt werden: allein man bedenke nur, daß dieser Aufsatz kein theologisches Kompendium seyn sollte, und daß ein Hauptaugenmerk dabey war, die Religion von einer solchen Seite darzustellen, daß sie jedermann, auch den Nichtglaubigen interessant wurde."

Nachdem Philo sich noch weiter über den Priester= und Regentengrad erklärt hatte, so hat er sogar, und zwar noch 1788 die Verwegenheit auszurufen 6): „Das war das ganze Ordensgebäude!

6) Erklär. S. 119.

bäude! (mit Ausnahme der größern Mysterien,
die noch nicht gemacht waren, und im Fall auch
das Vorhergehende ganz unschuldig gewesen wäre,
doch immer noch sehr viel Verfängliches in sich
enthalten konnten)! Und nun trette Der auf, welcher etwas darinn finden kann, das der *wahren*
Religion, der bürgerlichen Glückseligkeit und
den guten Sitten Gefahr gedroht hätte.".

Wäre dieses auch an dem, ob es gleich durch
den Augenschein widerlegt wird, so wäre es doch
nichts weiter, als ein Kunstgriff, die Leute hin-
zuhalten, bis sie in den höhern Mysterien die
große Entdeckung vertragen konnten: daß alle
positive Religion Betrug sey 7).   Philo gesteht dieses in seinen Briefen an Cato vom Jan. —
März 1783 selbst ein.   Er war nicht dagegen,
daß der Deismus eingeführt werden sollte, aber
er wollte eine gewiße Vorsichtigkeit dabey beobachtet wissen 8).   Diese hatte auch Mahomet
dem Spartacus selbst empfohlen, der damals sogar an der Unsterblichkeit der Seele zweifelte 9).
Philo macht sich ein Verdienst daraus, daß er
die Leute in Absicht auf die Religion hintergan-
gen habe, und ist böse, daß solches Spartacus
                                            nicht

7) Nachtrag, 1. Abth. Seite 106.
  8) l. c. Seite 200. 205.
  9) l. c. Seite 164.

nicht dankbar genug erkennen wollte: „Ich habe
sagt er 1) diejenigen unter uns, welche jetzt so
wirksam für uns sind, aber sehr an Religiosität
kleben, bey ihrer Furcht, man habe die Absicht,
den Deismus auszubreiten, zu überzeugen gesucht, die höhern Obern hätten nichts weniger,
als diese Absicht. Nach und nach wirke ich
doch, was ich will." Im Elfer droht er diejenigen, welchen die Religion theuer sey, mit
den Grundsätzen des Ordens-Generals vertrauter
zu machen 2). Er sagt ihm selbst ins Ange-
sicht 3): „Wenn ich die Entstehungsgeschichte,
Ihre wahrhaftig für die Welt gefährlichen von
mir in allen Heften moderirten Grundsätze gewißen Männern vorlegen wollte, wer würde bleiben? Was ist der Priestergrad, (der doch, wie
ein jeder Leser sehen muß, arg genug ist), gegen
Ihre Mittel zu guten Zwecken?

Der Satz: der Zweck heiligt die Mittel, war
gleich anfänglich Grundsatz des Spartacus; wie
die Aussage des Herrn Abts Cosandey und andrer beweisen, die zu Ende des Jahrs 1783 von
dem Orden abtraten, und welche mehrmals, unter andern auch in der Schrift: drey merkwür-

C 2   dige

1) l. c. Seite 117.
2) Nachtrag, 1. Abth. Seite 113.
3) l. c. Seite 124.

dige Ausſagen die innere Einrichtung des
Illuminatenordens in Baiern betreffend, 8.
1786 gedruckt worden.   Dieſer Satz wurde bloß
mündlich gelehrt.   Er findet ſich daher auch in
keinem Grad deutlich ausgedrückt, wohl aber verſteckt und nach Philo's Sprache moderirt in dem
kleinen Illuminaten, und zwar in dem dazu gehörigen Unterricht zur Bildung brauchbarer Mitglieder, wo es heißt: „Man bediene ſich derſelben Mittel, die der Betrug zur Bosheit anwen-
det, um das Gute durchzuſetzen 4).‟   In dem
hier abgedruckten Prieſtergrad und zwar in der Inſtruktion n. VII. kommt er zwar auch vor, aber
problematiſch eingekleidet.   „In wiefern iſt der
Satz wahr, daß alles, was zu einem guten
Zweck führt, auch ein erlaubtes Mittel ſey?
Wie muß der Satz eingeſchränkt werden, um zwiſchen jeſuitiſchem Misbrauch und ängſtlicher Vor-
urtheils = Sklaverey hindurch zu gehen?‟

Wer den hier gedruckten Prieſtergrad mit den
authentiſchen Aeußerungen des Philo vergleichen
will, der wird an der Aechtheit deſſelben, wäre
auch das Zertifikat, das jedoch auch ſein Gewicht
hat 5) gar nicht dabey, doch keinen Augenblick
zweifeln können.   Zu noch mehrerer Befeſtigung
kann

4) Aechter Illuminat. Seite 122.
5) Nachtrag der Orig. 1. Abth. Seite 106.

kann er noch das hinzunehmen, was Philo von
der Instruktion im scientifischen Fach sagt, welches
alles ganz das Nämliche ist, wie es sich in dem
Priestergrad findet. Eben dieses gilt auch von dem
Regentengrad 6). Außerdem haben wir auch noch
die in dem Nachtrag der Originalschriften enthaltenen Zeugnisse des Spartacus selbst, wozu noch
das hinzuzufügen ist, was er unter dem Namen
Weishaupt in dem Nachtrag zu seiner Rechtfertigung von diesen Graden vorbringt; wovon
sogleich ein Mehreres.

So gewiß nun beyde Hauptpersonen in den
in diesen Graden vorgetragnen Grundsätzen über-
einstimmten: so wurden sie doch hernach uneinig.
Die eigentliche Ursache lag zwar anderstwo: Spartacus hatte den Philo in Verdacht, als arbeitete
er für sich und hinter seinem Rücken, und korrespondirte daher mit des Philo Untergebenen insgeheim 7). Philo aber konnte die Neckereyen und
die Herrsucht des Spartacus nicht ertragen, und
wollte keine subalterne Rolle spielen 8). Allein
am Ende gaben doch diese Grade die Gelegenheit
zur Trennung.

Anfangs-

6) Erklär. Seite 114. 115. u. f.
7) Nachtrag, 1. Abth. Seite 81. 103.
8) l. c. Seite 99. 113. 120. 125.

Anfänglich ſchien die Sache nicht ſonderlich erheblich. Denn Spartacus hatte an dem Weſentlichen nicht viel getadelt, konnte es auch nicht wohl, da es von ihm ſelbſt herrührte. Nachdem er, wie oben gemeldet, in einigen Briefen an Cato von ſeiner eignen Anrede des Prieſtergrades geſprochen hatte, ſo kommt er nachher auf den von Philo völlig ausgearbe teten ganzen Grad, den er inzwiſchen erhalten hatte, zu reden. In einem Brief ohne Datum ſagt er 9): „Wegen dem ſchon von mir einmal entworfnen Regentengrad beruhigen Sie ſich. Philo hat ihn in Händen, und hat daraus ſeinen Regentengrad gemacht, den auch Mahomet ſchon 6 Monat in Händen hat, nicht herausgiebt, und daran beſtändig kaſtrirt, ob ihn gleich ſchon über 20 Perſonen haben.“ In einem andern Brief ebenfalls an Cato, auch ohne Datum, heißt es 1). „M. Aurel iſt äußerſt mit dem Prieſtergrad zufrieden; er ſchreibt, ſeine ganze Seele hänge daran, weil ſich die heiligſten ſeiner Pflichten in ihm vereinigen: nur wünſcht er, daß gewiße Ausdrücke gemildert würden. — Im Orden iſt dermalen die entſetzlichſte Kriſis, die nur ſeyn kann, durch Mahomet verurſacht. Dieſer hat A. — — gegen

den

9) Nachtrag, I. Abth. Seite 79.
1) l. c. Seite 82.

den Priestergrad aufgehetzt, um seine Meynung
geltend zu machen. A. — — schrieb mir einen
furiosen Brief, daß ich ihn — betrogen habe.
Die Ausdrücke seyen rebellisch 2c. und diese müß=
ten geändert werden. Ich versprach ihm, um
Recht zu haben, auch dieses, daß die Ausdrücke
sollten gemildert, das Uebrige aber belassen
werden; schrieb zu diesem Ende an Philo.
Hier ist ein Theil von dessen Antwort: Sie sehen,
wie ich zu leiden habe! (vermuthlich hat Philo
geantwortet, daß ja die ganze Anrede, als in
welcher die eigentlich anstößigen Dinge befindlich
sind, von ihm, dem Spartacus, selbst herrühre)
ich bin es nicht mehr im Stand auszustehen.
Bey jedem kleinen Grad giebt es solche Bewe=
gungen, und allzeit ist Mahomet davon der Ur=
heber. Nun hat er diesen Grad schon über 6 Mo=
nat in Händen, und ich kann ihn nicht wieder
von ihm erhalten. Ich werde weder dem Philo,
weder dem Mahomet ganz nachgeben: letzterm
habe ich nachdrücklich geschrieben. Es ist wahr,
wie Philo schreibt, er (nämlich Mahomet, der
also seine vermeynte Verbesserungen mit Zurückbe=
haltung des Aufsatzes von Philo, eingesandt ha=
ben muß), hat den Grad nach seiner Phantasie
so entsetzlich verhunzt, daß er das elendeste All=
tagwerk ist."

In

In einem andern Brief an Cato vom 28ten
Jan. 1783 zu einer Zeit wo Spartacus mit Philo
ſchon ſo weit verfallen war, daß er nicht mehr
an ihn ſchrieb, obgleich Philo noch ſchrieb 2)
ſcheint Spartacus auch nicht mehr ganz mit den
Materialien in dem von Philo verfertigten Prieſtergrad zufrieden zu ſeyn, wobey er ſich jedoch
zum Theil ſelbſt eines Fehlers ſchuldig giebt. Denn
er ſagt: „Was Diomedes abgeſchrieben bleibt:
nur die Anrede des Prieſtergrades (oder den ſo
betittelten Unterricht im erſten Zimmer) ändre ich.
Sie werden finden, daß der Grad weit vortreffli-
cher wird, als vorhero. Ich laſſe alles Anſtö-
ßige hinweg; beweiſe und erläutere alles beſſere;
denn Philo hat es erſchrecklich verdorben, und ſeits
hero haben ſich meine Einſichten vermehrt. Auch
F. — — hat ſich darüber geärgert, auch Epictet,
auch alle, welche Philo für ſich allegirt." Nachdem Spartacus, ohne jedoch einzelnen anſtößigen
Punkte namhaft zu machen, eine Abänderung
für nothwendig auch ſelbſt in Anſehung Baierns
erklärt, und ſich geäußert hatte, daß wenn es
übel gehen würde, ſich jedermann aus der Schlinge
ziehen, und die ganze Schuld auf ihn fallen
würde, welche er jedoch übernehmen wolle, ſo
ſetzt

2) Nachtrag, I. Abtheilung Seite 88. 92. 117.
und 118.

setzt er hinzu 3): „Aber nur dieses bitte ich, wenn ich dereinst durch die Unvorsichtigkeit unserer Leute den Kopf verliehren soll: so erlauben sie mir doch wenigstens, daß ich mich vor der vernünftigen Welt nicht zu schämen habe: daß ich mich zu meinem Verbrechen ohne Schande bekennen kann: daß ich nicht den Vorwurf von Unbehutsamkeit, und unklugen unnöthigen Schmähausdrücken hören muß: daß ich meine Lehre mit aller Ehre vor vernünftigen Menschen mit meinem Tode versiegeln kann.   Das könnte ich aber bey Philo's Anrede nicht; obwohl auch ich beym ersten Aufsatz wirklich zu grell war: also erlauben Sie mir, daß er abgeändert werde, und dann stehe ich mit meinem Kopf vor alles."

Unterm 7. Febr. 1783. schrieb Spartacus abermals an Cato 4) und sagte bey Gelegenheit des Priestergrades von Philo: „Ich wünsche, daß alle Zeremonien, die wirklich einfältig und unbedeutend sind, hinweg bleiben, und dieser Grad außer den vorher aufzulösenden Fragen, der Anrede (Er meynt die Anrede des Philo, oder den von diesem so benennten Unterricht im ersten Zimmer, welche bleiben sollte, weil er noch nicht gewiß war, was und wieviel er eigentlich darinn ändern

3) Nachtrag, 1. Abth. Seite 89.
4) Nachtrag, 1. Abth. Seite 94.

ändern wollte, ſolches auch in der kurzen Zeit vom
28. Jan. bis zum 7. Febr. nicht wohl hatte ge=
ſchehen können) und dem Unterricht im Scien=
tifiſchen nichts weiter enthalte; auch die Klei=
dung iſt einfältig: wie viel Geld geht dabey ver=
lohren! Ich bin der Meynung, daß die Prieſter
außer einem kleinen rothen Kreuz auf der linken
Seite des Rocks nichts tragen ſollen: oder höch=
ſtens ein kurzes bis an die Hüfte reichendes wei=
ßes Scapulier oder Bruſtfleck unter dem Rock,
auf welchem das rothe Kreuz angebracht iſt. Der
Dekanus unterſcheidet ſich durch ein größeres
Kreuz, oder er trägt ſolches ganz allein. Philo
ſteckt voll ſolcher Narrheiten, welche ſeinen klei=
nen Geiſt verathen. Den Regentengrad habe
ich nicht gemacht, obwohl beynahe alles von
mir iſt. Er iſt ungleich wichtiger, als der Prie=
ſtergrad: und hier ſieht man, wie wenig Philo
im Syſtem arbeitet. Anſtatt daß die Grade, je
höher ſie ſind, um ſo wichtiger werden ſollen, um
ſo ſchlechter werden ſie bey ihm. Auf den Illu=
minatus major 5) folgt der elende Schottiſche Rit=
tergrad ganz von ſeiner Kompoſition, und auf den
Prieſtergrad ein eben ſo elender Regentengrad; doch
weil es ein dirigirender Grad iſt, der die ganze

Provin=

5) Man ſehe ihn in dem ächten Illuminaten.
   Seite 139 — 212.

Provinzialinstruktion enthält, so ändre ich darinn nichts, etwelche einfältige niederträchtige Maximen ausgenommen." In diesem Brief klagt Spartacus noch weiter über Philo's Eitelkeit und Eigensinn, und sein schlechtes Betragen gegen ihn u. s. f. und setzt am Ende hinzu 6): „Mit dem allem werde ich ihm das Zeugniß geben, daß er durch Anwerbung wichtiger Leute um den Orden große Verdienste hat: aber außerdem hat er mir wenig genützt: hat mir oft manches verdorben, die Einheit meines Plans durch elende Einschaltungen von unbedeutenden Graden sehr stark verdorben."

Indeß kamen alle diese Kritiken über den Priester = und Regentengrad zu spät. Denn diese Grade waren schon ausgetheilt. Zwar hatte bereits vorher Mahomet manches daran ausgesetzt 7). Allein Spartacus, der an seinen Tadel gewohnt war, machte hieraus wenig, meldete solches zwar dem Philo 8) schrieb ihm aber auch, daß er dafür sorgen wolle, daß die Grade so angenommen würden, wie sie Philo verfaßt hätte. Er möge die Grade nur nach seiner Art anstheilen. „Dieß that ich, sagt Philo in einem Schreiben an Cato
9) atte=

6) Nachtrag, 1. Abth. Seite 96.
7) l. c. Seite 79. 83.
8) l. c. Seite 82.

9) atteſtirte mit meines Namens Unterſchrift die
Aechtheit der Cahiers, und meine Leute waren
entzückt über dieſe Meiſterſtücke, wie ſie es nannten, außer daß zwey Perſonen kleine Einwendun-
gen gegen einzelne Ausdrücke machten, welche
leicht nach den Lokalumſtänden in jeder Provinz
verändert werden können."

Eben ſo erzählt auch Philo die Sache in ſeiner Erklärung 1) nur daß er noch den Umſtand
von der Genehmigung der Areopagiten hinzufügt.
„Da dieſe zauderten, die Hefte von ihren Anmerkungen begleitet zurückzugeben; ſo ſchrieb mir
Hr. Weishaupt: Es dürfte durch die Faulheit
dieſer Menſchen das Ganze nicht aufgehalten werden; ich ſolle nur, ohne weiters Bedenken, meine
Grade, ſo wie ich ſie ausgearbeitet hätte, einführen. Endlich kam denn auch die Beyſtimmung
der Uebrigen an, und man ſchickte mir alle Grade,
ins Reine geſchrieben, mit Spartacus Ordenspet-
ſchaft und Chiffer beglaubigt zurück. Nur
fand man, daß die religiöſen Zeremonien im Schottiſchen Rittergrade ohne Gefahr in katholiſchen Ländern nicht leicht einzuführen ſeyn würden, und
bedung ſich daher aus, dieſe nach den Umſtänden
weglaſſen zu dürfen. Alles Uebrige war ihnen

9) l. c. Seite 106.
1) Seite 123.

nen Recht. Wer war froher, als ich? Ich
theilte meine Grade so gewissenhaft als möglich aus."

In dem vorhin gedachten Brief des Philo an
den Cato vom 20. Jan. 1783 gedenkt derselbe der
Beystimmung der übrigen Areopagiten nicht, weil
dieses dem Cato ohnehin bekannt war, und nothwendig bekannt seyn mußte. Er sagt unmittelbar auf die oben mitgetheilte Stelle 2). „Auf
einmal (also hernach, nachdem die Grade schon
ausgetheilt waren) schickte mir Mahomet nicht etwa
Anmerkungen zu diesen Graden, sondern ganz ver-
ändertes verstümmeltes Zeug. Man verlangte,
ich sollte meine Hefte zurückfordern, und als
ich mich weigerte, bestand wenigstens Spartacus
darauf, alle Abschriften selbst zu revidiren, den
Leuten zu sagen, es hätten sich unächte Zusätze
eingeschlichen, um dadurch mich zum Lügner zu
machen." Denn er hatte die Aechtheit derselben
mit seines Namens Unterschrift attestirt, wie er
vorhin in eben diesem Brief 3) erzählt. Dieses
aber schlug Philo ab, und da Spartacus ihm
durch einen seiner Untergebenen einen beleidigen-
Verhaltungsbefehl zuschickte, auch noch Allerley
sonst darzwischen kam, so trat endlich Philo den
1. Jul.

2) Nachtrag, 1. Abth. Seite 167.
3) l. c. Seite 106.

1. Jul. 1784 ganz ab 4) oder wurde, wie andere
Nachrichten beſagen, auf Verlangen des Sparta=
cus, durch Hülfe zweyer anderer Illuminaten von
dem Orden ausgeſchloſſen.

Die Zeit, wann die Areopagiten ihre Geneh=
migung ertheilt haben, wird nirgends gemeldet.
Da indeß das Anſinnen des Spartacus dem Philo
bereits den 10. Jan. 1783 bekannt war, die Grade
aber vorher ſchon ausgetheilt waren: ſo hat, falls
dieſes erſt nach Genehmigung der Areopagiten ge=
ſchehen iſt, die Austheilung bereits im Jahre
1782 Statt gehabt. Hat Philo die Genehmigung
der Areopagiten aber nicht abgewartet, ſondern
ſogleich nach erhaltner Erlaubniß des Spartacus
die Austheilung vorgenommen: ſo fällt dieſes
noch früher im Jahr 1782. Denn im Monat
Auguſt hatte er dieſe Erlaubniß ſchon, und da=
mals hatte er den Prieſter = und Regentengrad
bereits an zwey Perſonen gegeben 5). In bey=
den Fällen iſt das dem hier gedruckten Prieſter.
und Regentengrad vorgeſetzte Atteſtat des Philo
von 1782 unverdächtig; und es hindert nichts,
daß man im Jahr 1783 von unächten Zuſätzen in
dieſen

4) l. c. Seite 118. 128. Erklärung Seite 126
bis 136.

5) Nachtrag, 1. Abth. Seite 207.

diesen Graden sprach: denn das geschah hintennach, als die Austheilung schon geschehen war.

Ursprünglich mochte Spartacus wohl nichts
an den in diesen Graden geäußerten Grundsätzen,
die ohnehin auch von ihm selbst herrührten, aus-
zusetzen haben, sondern sein Tadel betraf eigentlich nur die Zeremonien und andre unbedeu-
tende Dinge, die Philo eingeschaltet hatte, und
ihm nicht gefielen. Wenigstens sagt er in dem
Brief vom 7. Febr. 1783 6) wo er sich am um-
ständlichsten darüber ansläßt, nicht ein Wort von
jenen Grundsätzen. Zwar scheint es ihm einige
Tage vorher, wie der Brief vom 28. Jan. 1783
beweiset, darüber angst geworden zu seyn, da er
etlichemal vom Verliehren des Kopfes spricht 7).
Er wollte daher auch einiges ändern 8) es scheint
aber, er war den 7. Febr. noch nicht recht ent-
schlossen, weil er in dem Brief von diesem Dato
an den nämlichen Cato, nichts von Abänderung
spricht, sondern dieselbe stillschweigends wieder zurück nimmt, indem er will, daß bloß die Zeremonien weggelassen, die Fragen aber und die Anrede, welche eigentlich die gefährlichen Dinge enthalten,

6) Nachtrag, 1. Abth. Seite 94.
7) l. c. und Seite 87.
8) l. c. Seite 90.

halten, beybehalten werden ſollen 9). Wahrſcheinlich verfiel er auf den Gedanken der Abänderung
bloß deßwegen, weil Einige verſchiedene Ausdrücke
für anſtößig und rebelliſch erklärt hatten 1) und
als die Mißhelligkeit zwiſchen ihm und Philo größer geworden war , ſo nahm er dieſes zum Vorwand und ſprach von unächten Zuſätzen 2).

Vergleicht man aber des Philo Arbeit, und
insbeſondere den Unterricht in dem erſten Zimmer,
mit der in dem Nachtrag der Originalſchriften 3)
enthaltenen und bisher ſo oft angezognen Anrede:
ſo wird man nur wenig Zuſätze finden, die von
Bedeutung ſind. Ich will ſie herſetzen, damit ſie
der Leſer mit einem Blick überſehen könne.

Nach den Worten der Anrede: deren Befriedigung ſie nur durch ihn erhalten können 4) ſteht hier im Unterricht der Zuſatz, der
freylich aus der Luft gegriffen zu ſeyn ſcheint:
„Es iſt unbeſchreiblich, wie feſt dieß unbedeutend
ſcheinende Band iſt. Brod, Taback, Kaffee,
Brandwein und dergl. ſind die kräftigſten Maſchinen des Despoten, wenn er ſeine ſchwere Hand
dar-

9) l. c. Seite 94.
1) l. c. Seite 82.
2) l. c. Seite 107.
3) 2. Abth. Seite 44.
4) l. c. Seite 88.

darauf legt." Nach den Worten der Anrede:
sehr natürlich 5) heißt es im Unterricht: „Nun
wird auch der, welcher an die Geheimnisse der
gewöhnlichen christlichen, von den Pfaffen ver=
unstalteten Religionen nicht glaubt, und welchem
man gewiße darunter verborgene, noch größere
Geheimnisse vorerst nicht enthüllen darf, doch kein
Bedenken finden, Jesum den Erlöser und Heiland
der Welt zu nennen."

Nach dem Wort der Anrede: angewandt 6)
steht in dem Unterricht: „Da entstand daßin das
herrliche Ding, die Theologie, das Pfaffen und
Schurken= Regiment, das Pabstthum, der geist=
liche Despotismus."

Nach dem Wort der Anrede: unterdrück=
ten 7) ist in dem Unterricht zugesetzt: „Und ein
Mörder, Hurer und Betrüger, der Transsub=
stantiation glaubte, hatte ein besseres Schicksal,
als der redliche Tugendhafte, der unglücklicher=
weise nicht begreifen konnte, wie ein Stück Mehl=
teig zugleich ein Stück Fleisch seyn konnte."

Spartacus hatte nebst den übrigen Areopagi=
ten, als die Grade genehmigt wurden, hiergegen
nichts

5) l. c. Seite 106.
6) Nachtrag, 2. Abth. Seite 110.
7) l. c. Seite 111.

gen unbedeutenden Abänderungen dem Churfürſten vorzulegen befohlen.

Dieſem ſteht nicht entgegen, daß Philo erzählt 2) Spartacus habe neue Grade bald nachher, als nämlich Philo die ſeinigen zurückerhal-
ten und ausgetheilt hatte, eingeführt. „Spartacus, ſagt er, fieng an hinter meinem Rücken
her mit den von mir angeſetzten Obern und andern einzelnen Mitgliedern Briefe zu wechſeln;
ſich nicht undeutlich gegen ſie merken zu laſſen,
daß er der Stifter und Chef des Ganzen ſey;
ſeine neuen Grade hie und da durch dieſe Leute
einzuführen; und da dieſe Verſchiedenheit in den
Graden Einige ſtutzig machte: ſo ließ man unter
der Hand das Geſpräch entſtehen, als müßte ich
wohl die Grade verfälſcht haben, die aus Baiern
geſchickten hingegen ächt ſeyn, weil von daher
bekanntlich der Orden zuerſt in unſre Gegenden
gekommen ſey.“   Dieſes alles konnte geſchehen,
ohne daß auch ein einziger weſentlicher Grundſatz
geändert worden wäre.   Spartacus durfte nur
die Zeremonien eines Grades, von welchen er
ohnedem kein Freund war, theils weglaſſen, theils
abändern, und hie und da etwas anderſt einklei-
den: ſo war die Verſchiedenheit offenbar; und
                                          dann

2) Erklär. Seite 130.

dann folgte es von selbst, daß der Verdacht der Verfälschung auf den Philo fallen mußte: denn für Verfälschung konnte man es ansehen, wenn, obgleich die Hauptgrundsätze stehen geblieben, auch nur Einiges in seinen Graden anderst lautete, als in denen, welche unmittelbar aus Baiern gekommen waren.

Spartacus sah hinten nach wohl ein, welchen Nachtheil ihm der Priestergrad, und vornehmlich die Anrede bringen mußte. Er suchte sich daher wegen derselben auf alle mögliche Art zu rechtfertigen, nahm etwas weniges, wiewohl bloß zum Schein zurück, vertheidigte aber das Uebrige mit seichten Gründen und mit auf Schrauben gesetzten Aeußerungen. Dieses geschah in dem unter seinem weltlichen Namen erschienenen Nachtrag zur Rechtfertigung seiner Absichten, 8. Frankfurt und Leipzig 1787, zu einer Zeit wo Philo seine Erklärung noch nicht herausgegeben hatte, und manches vor dem Publiko noch nicht ins Licht gestellt war.

„Ich wende mich, sagt er 3) nun zu dem vierten Dokument (in dem Nachtrag der Originalschriften 2. Abth.) Es führt den Titel: Anrede an den neuaufzunehmenden Illuminatus dirigens.

3) Erklär. Seite 72.

rigens. Dieſer Aufſatz iſt kein Grad: er ent=
hält bloß allein einige geſammelte, flüchtig hin=
geworfene Ideen zu einem Grade, der erſt ent=
weſſen werden ſollte, aus welchen auch wirklich
der Prieſtergrad entſtanden iſt. Die Geſchichte
davon iſt in den Brief, beſonders S. 104 f. ent=
halten. (Es ſind Phi o's Briefe gemeynt, in
dem Nachtrag, 1. Abth.) Aus dieſem erſcheint,
daß dieſe meine Materialien an Philo zur Ein=
kleidung und Verarbeitung geſchickt worden: daß
ſolches von ihm wirklich geſchehen ſey: daß ſein
Aufſatz unter den Mitwiſſenden circulirt habe,
um die nöthigen Erinnerungen beyzuſetzen, und
beliebige Abänderungen zu treffen: daß darüber
große Streitigkeiten und Spaltungen entſtanden
ſind: daß man ſolchen gewaltig ausgemuſtert und
durchſtrichen habe: daß alſo der neue Grad eine
von der vorigen ganz verſchiedne ungleich gemä=
ßigtere Form müſſe erhalten haben, und nach
ſolcher durch den Orden vertheilt worden ſey."

Hier läßt Spartacus vieles weg, was der
Sache eine ganz andere Geſtalt giebt. Es gab
freylich Streitigkeiten, aber nur mit Mahomet,
deſſen Abänderung Spartacus ſelbſt nicht billigte.
Die Spaltung und der Abtritt des Philo erfolgte
erſt nachher, als Spartacus ſelbſt und die Areo=
pagiten die Arbeiten des Philo genehmigt hatten,

und

und Spartacus hinten drein Neuerungen vornahm.
Der Grad des Philo war durch den Orden vertheilt worden. Nachher ließ Spartacus einen neuen
Grad zwar hie und da vertheilen; aber die Abänderungen betrafen die Grundsätze nicht eigentlich. Den neuen Grad machte Spartacus auch
jetzt (1787) noch nicht bekannt; und doch würde
er, wenn er so unverfänglich gewesen wäre, als
er insinuiren will, dadurch alle Einwürfe auf einmal gehoben haben. Er führt zwar 4) Stellen
aus einem neuen Aufsatz an, den er schon 1783
verfertigt haben will. Allein diese machen nur
den Anfang des Aufsatzes aus, von welchem man
nicht geradezu auf das Folgende, und auf das
Ganze schließen kann. Wenn auch das 5) Stück
schon 1783 wirklich verfaßt worden: so war doch
das Ganze noch nicht ausgearbeitet. Denn 1787
als Er den Nachtrag zu seiner Rechtfertigung
schrieb, war es noch nicht einmal völlig fertig 6).
Wäre der ganze Aufsatz verfaßt gewesen: so würde
er, wie schon erinnert worden, nicht befohlen
haben, dem Churfürsten von dem Priestergrad
nichts, nichts weiter als die Instruktion in Scientificis, und diese selbst mit Ausnahme der bezie-

hen-

---

4) Seite 89.
5) Seite 89. u. f.
6) l. c.

henden Stellen vorzulegen, da er den ganzen
neuen Grad ſo leicht hätte können vorlegen laſſen, und welcher, als einer der höchſten und letzten Grade, um ſo entſcheidender bewieſen haben
würde, daß, wenn ja etwas in den niedern Graden hätte bedenklich ſcheinen können, ſolches am
Ende deutlicher entwickelt und gehoben worden
wäre. Zwar giebt Er vor: er habe die Anrede
im Prieſtergrad bloß um deswillen vorzulegen ver-
bothen, weil die darinn enthaltene Geſchichte des
menſchlichen Geſchlechts durch eine ſpätere beſſer
gerathene Geſchichte (in dem vorhin gedachten Aufſatz) erſetzt und dadurch abolirt worden 7). Allein dieſe neue Geſchichte hatte er ja eben ſo wenig vorzulegen befohlen.

Daß aber in dem neuen Grad die anſtöſſi-
gen Grundſätze ebenfalls beybehalten worden, erhellt noch mehr daher, daß Herr Weishaupt ſeinen ältern Grad, und ſeine ſogenannte Anrede
an den Illuminatus dirigens noch immer zu
rechtfertigen ſucht, deſſen er ſich ganz hätte über-
heben können, wenn es wahr geweſen wäre, daß
man bey mehrerer Einſicht gänzlich von jenen
Grundſätzen, auf welche hier alles ankommt, abgegangen und die Anrede in dem Prieſtergrad abolirt worden ſey (S. 71.) Er erzählt davon weiter 8).   „Die-

7) Erklär. Seite 71.   8) Seite 73. u. f.

„Dieser Aufsatz, die oftgedachte An**** näm=
lich, wurde bey mir durch folgende Umstände veran=
laßt. Der Schottische Rittergrad, welcher nach
seiner ersten Gestalt nicht von meiner Arbeit ist,
gegen welchen ich laut S. 67 dieser Brief (im
Nachtrag, 1. Abth.) protestirt habe, enthielt ver=
schiedene theologische Aeußerungen und Winke: un=
ter andern wurden darinn die Hieroglyphen der
Freymaurerey auf das Christenthum gedeutet. Die=
ser Grad war nun in andern Provinzen schon ein=
geführt, und die Erklärung nicht sehr befriedigend.
Geschehene Dinge konnte ich nicht ungeschehen ma=
chen. Ich muste also auf dieser einmal eingeführ=
ten Idee fortbauen und fortarbeiten, und durch
einen folgenden Grad den gemachten Fehler in et=
was gut machen. "

Oder auch größer machen, wie es hier wirk=
lich der Fall ist. Denn daraus, daß die Hiero=
glyphen auf das Christenthum gedeutet werden konn=
ten, folgt ohne weiteres noch nicht, daß es gerade
so geschehen muste, daß die christliche Religion
durchaus verfälscht, und noch weniger, daß be=
hauptet wurde, Christus habe zur Absicht gehabt,
die bürgerliche Verfassung der Staaten aufzuheben,
die Fürsten entbehrlich zu machen, u. s. w. wie in
den vorgeblichen Verbesserungen des Herrn Weis=
haupts geschieht. Uebrigens sagt derselbe kein Wort
davon,

davon, daß er die gedachte Anrede **nachher** (er
ſchrieb doch erſt 1787) ſchon für den Illuminatus
dirigens, wie Philo oben geäußert hat, beſtimmt
hätte, als welches auch um ſo weniger nöthig war,
da er für dieſen bereits eine andere Anrede, die
in der Geſchichte der Verfolgungen ſteht, aufgeſetzt
hatte. Aber er ſagt auch nicht, warum die Ueberſchrift in dieſer Anrede für den Illuminatus dirigens lautet. Es bleibt daher die oben von mir
hierüber vorgetragne Vermuthung noch immer die
wahrſcheinlichſte.

Er fährt in ſeiner Vertheidigung fort 9) und
behauptet, die Idee, daß unter der Hülle der Freymaurerey das Chriſtenthum verborgen liege, ſey
demſelben nicht gefährlich. Nun wohl, je nachdem
man ſich hierüber erklärt. So wie Er und Philo
ſich aber erklärt hatte, war ſie es allerdings: denn
ſie hob es ganz auf, und ließ bloß den Namen
ſtehen. Ferner, daß wahrſcheinlich die erſten Stifter der Freymaurerey die Abſicht gehabt, durch
dieſen Weg für das Chriſtenthum zu arbeiten. Hier
fehlen die Beweiſe gänzlich; wäre es aber auch an
dem, ſo kann hieraus die Unſchädlichkeit dieſer
Meynung noch nicht dargethan werden. Eben dieſes gilt von dem folgenden, wenn er ſagt: Dieſe
Idee ſey nicht neu; mehrere Schriftſteller hätten
dieſe

9) Erklär. Seite 74.

diese Vermuthung schon vorlängst geäußert; und selbst viele Grade der Freymaurerey, und unter diesen der französische Rosenkreuzer-Grad enthalte wirklich eine ähnliche Erklärung. Noch weniger kann es helfen, wenn er hinzusetzt: diese Erklärung sey besser, als die thörichten Auslegungen der Hieroglyphen auf Magie oder Alchemi, wodurch so viele tausend Menschen um nichts gebessert, und in ihren häuslichen Umständen verkürzt worden wären.

Auch war es bey ihm nicht Ueberzeugung. Er wollte 1), da in dem Orten der Freymaurer nämlich, über diesen Punkt so verschieden gedacht wurde, diese Idee nur zu seiner Absicht nutzen, um die sich entgegengesetzten Theile einander näher zu bringen, welches er einen glücklichen Gedanken nennt. Er wollte Freymaurer von allen Systemen an sich ziehen, diese Systeme, vornehmlich das von der strikten Observanz, welches damals in Deutschland das Herrschende war, stürzen, eine sogenannte ecklektische Maurerey einführen, und somit allenthalben seinem Orden die Herrschaft verschaffen. Man sehe den Brief an Cato vom 11. Jan. 1783 2). „Ich habe, sagt er, im Sinn, ein System conföderirter Logen herzustellen, die besten

_____

1) l. c. Seite 75.
2) Nachtr. der Originalschr. 1. Abth. Seite 84. u. f.

heſten Leute davon auszuforſchen, und der ſtriften
Obſervanz zuvorzukommen, und ſie zu zerſtören. "
Und bald hernach 3): „Das iſt unſer größtes Intereſſe, in die Freymaurerey eine Ecklektik einzuführen: und dann haben wir, was wir wollen."
Philo, der bereits lange vorher davon gewußt haben muſte, und vielleicht ſelbſt die erſte Veranlaſ-
ſung zu dieſem Gedanken gegeben haben mag, hat
hierzu auch getreulich geholfen. In ſeinen Briefen an Cato 4) vom 20. Jan. bis zum 31. März
1783 worinn er ſeine Großthaten rühmt, ſagt
er 5): „Ich untergrub die ſtrikte Obſervanz —
ließ mich zu allem brauchen, ſchrieb gegen Jeſuiten und Roſenkreuzer, die mich nie beleidigt hatten."
(Dieß geſchah unter dem angenommenen Namen:
Aloſſius Majer. Zu dieſer Schrift hat Spartacus,
der mit den Jeſuiten bekannter war als Philo ſeyn
konnte, wahrſcheinlich auch Materialien hergegeben.
In derſelben wurde der erſte Saame zu dem Vorgeben ausgeſtreut, worüber hernach ſo viel Lärm
entſtanden iſt: daß die Jeſuiten ſich hinter die Pro-
teſtanten geſteckt hätten, daß ſie proteſtantiſche Fürſten zum katholiſchen Glauben zu bekehren ſuchten,
und daß ſelbſt unter proteſtantiſchen Theologen heimliche

3) l. c. Seite 85. 86.
4) Nachtr. der Originalſchr. 1. Abth. Seite 99—139.
5) l. c. Seite 101.

liche Jesuiten verborgen seyen.) Er sagt weiter 6):

„Er habe die strikte Observanz in Unordnung gebracht, die Besten daraus an sich gezogen, ihnen
von der Würde des Illuminatenordens, von seiner
Macht, seinem Alter, der Vortreflichkeit seiner
Chefs, der Untadelhaftigkeit der höhern Mitglieder,
der Wichtigkeit der Kenntnisse, und der Redlichkeit
der Absichten große Begriffe gemacht. "

Dennoch wuste er von vielen diesen Dingen
das Gegentheil.   Denn er spricht in dem nämlichen
Brief 7) von der kleinen unbedeutenden Entstehung
des Ordens, von dem Jesuitischen Charakter des
Spartacus und seinen ehrgeizigen Absichten, von
der vergeblichen Hoffnung auf Geheimnisse, von den
schwachen Füssen, worauf das ganze Werk beruhe,
von den Absichten gegen die Fürsten 8) von dem
Joch, worinn Spartacus die Leute bringen wollte,
welches ärger, als das Joch der Jesuiten sey, und
von der Art, wie er die Menschen mißbrauche 9).
Demungeachtet will er, ob er gleich ausdrücklich
sagt: er habe sich zu einer Maschine der Tyranney brauchen lassen, wofern Spartacus nur eini-
germassen nachgeben wolle, dem Orden noch ferner

6) l. c. Seite 112.
7) l. c. Seite 113.
8) l. c. Seite 114.
9) l, c, Seite 117.

ner anhängen, demſelben wichtige Kenntniſſe, welt=
liche Macht und Reichthum, großen Einfluß auf
das Zinnendorfiſche Syſtem, und feſte Gewalt über
die ſtrikte Obſervanz verſchaffen, oder dieſelbe viel=
mehr gänzlich zerſtören 1). Er iſt ſogar ſo her=
ablaſſend, daß er in einem eigends an Spartacus
gerichteten Brief, demſelben dieſes alles und noch
mehr anbietet, als zum Exempel die ganze ächte
Geſchichte von Entſtehung der Freymaurerey und
Roſenkreuzerey, erſtaunliche und einträgliche Na=
turgeheimniſſe, Geld, einen freyen Handel und Pri=
vilegien in Dännemark, Holſtein ꝛc. Vorſchüſſe
dazu, eine mächtige Parthey gegen die Jeſuiten
und deutſchen Roſenkreuzer 2). Und doch hatte
er den Spartacus in dem Brief an Cato, worinn
er den an Spartacus eingeſchloſſen hatte, nicht nur
ſo häßlich abgeſchildert, ſondern dieſem auch ſelbſt
manche Härtigkeit ins Angeſicht geſagt!

Alles dieſes ſtellte indeſſen, wie Philo ſelbſt
erzählt 3) das gute Vernehmen zwiſchen ihm und
dem Spartacus nicht wieder her: ſondern Letzterer
arbeitete ohne ihn allein fort, und ſchloß mit ſeinen
Anhängern den eckektiſchen Freymaurerbund 4)

ohne

1) l. c. Seite 116.
2) Nachtrag der Originalſchriften, 1. Abth. S. 121.
122.
3) Erklär. Seite 133.
4) l. c. S. 132.

ohne des Philo Wissen, ob dieser gleich das Pro=
ject zu einem Zirculare an die Logen dem Spar=
tacus zugeschickt hatte 5). Hieraus ist dann nun
leicht zu ersehen, wo die eckleftische Maurerey
welche die strikte Observanz mit einmal verdrängt
h t, hergekommen sey!

\ Herr Weishaupt fährt fort seine oft gedachte
Anrede zu vertheidigen, zum sichern Beweis, daß
die darinn enthaltnen Grundsätze auch in se nem
neuen Priestergrad beybehalten worden. Er sagt
in dem Nachtrag zu seiner Rechtfertigung 6)!
„Wenn dieser Grad sonderbare und etwas küh=
nete Ideen enthält: so muß man bedenken, 1.
daß er in dieser Form nicht ausgetheilt worden sey;
(Auf die Form kommt wenig an, desto mehr auf
die Materie; in dieser liegt das Gefährliche!) 2.
daß es in einer geheimen Gesellschaft, zu einer
Zeit, wo in unserer Welt weit kühnere Ideen öf=
fentlich gedruckt, und von jedem gelesen werden,
erlaubt seyn müsse, vorbereiteten, gegen den Miß=
brauch gesicherten Menschen, etwas mehr ins Ohr
zu sagen, als in unsern Compendien enthalten ist.
(Im Jahr 1782, worinn diese Anrede aufgesetzt
worden, war in Deutschland meines Wissens, in
Absicht

5) Nachtr. der Origin. 1. Abth. S. 110. III. 210.
    wörtlich findet es sich, 1. Abth. S. 135—159.
6) Seite 76.

Abſicht auf Staaten und Obrigkeiten noch nichts
gedruckt, das mit dieſen in der That kühnen Ideen
zu vergleichen wäre. Hr. Weißhaupt hält ſie noch
im Jahr 1787 für richtig, und vertheidigt ſie; nur
wollte er ſie den Leuten bloß ins Ohr geſagt wiſſen,
wodurch ſie nur noch gefährlicher wurden. Freylich ſtehen ſie bis jetzt noch in keinen Compendien
über das Naturrecht. Aber ſie finden ſich, vornehmlich ſeit der franzöſiſchen Revolution, in vielen Broſchüren und Recenſionen, und mit ein wenig Anſtrich von neuer Philoſophie, werden ſie
auch bald in die Compendien kommen und jungen
Studirenden öffentlich vorgetragen werden, wenn
man die Schriftſteller, welch anfangen, das höchſte
Tribunal vorſtellen zu wollen, ihr Weſen ungehindert forttreiben läßt). 3. Man muß bedenken,
welche Leute man vor ſich hat, welche Erwartungen man zu befriedigen hat. Alle Mitglieder einer
geheimen Geſellſchaft erwarten etwas mehr, als
ſie in der Welt hören; ſie erwarten mit Recht etwas Ausgezeichnetes und Großes, etwas, das
nicht Jedermann weiß. Das wahre Große und
Neue iſt nicht ſo gleich bey der Hand, als man
denkt. (Alſo muß man ihnen quid pro quo geben, es mag wahr ſeyn oder nicht, wie ſich
Philo oben ausgedrückt hatte!) Eben dieſen Schwierigkeiten, die hochgeſpannte Erwartung ſeiner Mitglieder

glieder zu befriedigen hat in der Maurerey alle diese chimärische Ideen, Aftergeburten und Grade über Grade zur Welt gebracht. Aus dieser Ursache verfiel man auf den Tempelherrnorden, Alchemie, Theosophie, Magie und andere Thorheiten. Die Maurerey ist die Schule, aus welcher diese Einfälle kommen, in welcher sie angewärmt und ausgeheckt wurden: alle in der Absicht, um die Erwartungen seiner Anhänger zu befriedigen. Ich wollte diesen Weg nicht gehen, ich wollte Menschen nicht noch mehr verderben, als sie wirklich sind. Ich nützte also andre Ideen, welche der gesunden Vernunft und der Sittlichkeit unschädlicher waren." Es ist noch die Frage: ob Alchemie, Magie, Theosophie nicht unschädlicher waren, als die religiösen und politischen Grundsätze des Illuminatismus: denn daß die Idee von Wiedererneurung des Tempelherrnordens, so wie man die Sache verstand, unschädlicher war, als das Weishauptische System, ist ohnedem offenbar. Aber welch eine Vertheidigung, wenn der Illuminatismus bloß unschädlicher war, als jene Ideen? Man muß darthun, daß er an sich selbst, keineswegs aber bloß in Vergleichung mit andern Systemen, unschädlich sey! — —

Dieß sucht dann auch Hr. Weishaupt zu bewerkstelligen, indem er sich Mühe giebt zu bewei-

e

sen,

ſen, die Ideen, welche die mehrgedachte Anrede
enthält, ſeyen nicht gefährlich. Sie enthält aber
nach Ihm folgendes: 1. eine Geſchichte des menſchlichen Geſchlechts, 2. die uralte Lieblingsidee der
Menſchen von einem goldnen Weltalter, 3. die Anwendung, daß Chriſtus durch ſeine Lehre die zweck-
mäßigſten Vorſchriften gegeben, um zu dieſem Zuſtand zu gelangen, 4. und endlich, daß ſich dieſer
Sinn der chriſtlichen Lehre durch die Freymaurerey
erhalten habe 7).

Ueber die Geſchichte des menſchlichen Geſchlechts
mag jedermann träumen, wie es ihm beliebt. Ob
es gleich keine Nothwendigkeit iſt, das Gemählde
nach Hrn. Weißhaupts Ausdruck 8) mit ſo ſtarken
Farben aufzutragen. Sobald man aber aus der
Spekulation herausgehet, und praktiſche Folgerungen mit verbindet: ſo iſt ſolches nicht mehr gleichgültig. Und dahin gehört die Behauptung, welche
in der Anrede vorkommt, daß die Menſchen dadurch, daß ſie in die bürgerliche Geſellſchaft getre-
ten, ihre urſprüngliche Würde und Unſchuld
verlohren hätten, gefallen, und Sünder geworden
ſeyen, u. ſ. f.

Eben ſo mag ſich Jemand das goldne Weltalter nach ſeiner eignen Phantaſie vorſtellen. Macht

er

7) Nachtrag der Orig. 1. Abth. Seite 77. u. f.
8) Nachtrag der Origin. 1. Abth. Seite 78.

er aber Anstalten, daffelbe wieder herbeyzuführen,
es sey nun durch Gewalt, wie die ehemaligen Wie=
dertäufer, oder durch künstliche Mittel, wie die Il=
luminaten: so sollte man doch wohl fragen dürfen:
Sind diese Anstalten, diese Mittel den Rechten
andrer Menschen nicht nachtheilig? Wird durch die=
selben nicht etwa übel ärger gemacht? u. s. w.

Man kann in einem gewissen Sinn behaupten,
daß Christus eine allgemeine Freyheit und Gleich=
heit gelehrt habe. Dehnt man aber dieses so weit
aus, daß diese Gleichheit und Freyheit auch in der
bürgerlichen Gesellschaft Statt haben müßte, als
mit welcher Chimäre man in Frankreich das gemeine
Volk geblendet, und unsägliches Unheil gestiftet hat:
so kann diese Idee doch wohl nicht unschädlich ge=
nannt werden. Man lehrte, die Moral sey die Kunst
die Fürsten zu entbehren, die Fürsten von der Er=
de verschwinden und alle Staaten und bürgerliche
Verfassung aufhören zu machen 9). Und dieses sollte
nicht gefährlich seyn?

Zwar widerruft Hr. Weishaupt das Letztere ge=
wissermaßen, indem er sagt 1): „Ich glaube nun
nicht mehr, daß Fürsten und Nationen von der
Erde dereinst verschwinden werden, ich glaube

e 2   nicht

§) l. c. Seite 93. 80.
1) Nachtrag zu Weishaupts Rechtfertigung. S. 87.

nicht mehr, daß aller Unterſchied der Stände aufs
hören werde. Aber ich glaube, daß Regenten ewig
ſeyn werden: daß die oberſte Gewalt in die ihrer
Beſtimmung eigene Schranken werde gebracht und
gegen Mißbrauch geſichert werden: daß die Gleich=
heit der Rechte, als Perſonen und Stände ſeyn
werde." Weniger konnte Hr. Weishaupt nicht thun,
als ſeinem nunmehrigen Landesherrn dieſes Compli=
ment zu machen: Denn weiter iſt es nichts! Es
würde unhöflich und ihm ſelbſt gefährlich geweſen
ſeyn, das Alte hier zu wiederholen, da ihn ein Fürſt
gegen einen andern in Schutz genommen hatte. Aber
man ſieht wohl, was er ſagen will: Es iſt freylich
nicht zu erwarten, daß man die Fürſten vertilgen
wird; aber man muß indeſſen thun, was man kann:
man muß ihnen Schranken anweiſen, ihnen die
Hände binden, daß ſie nichts ohne uns thun kön=
nen." Gewaltſame Revolutionen wollte der Orden,
wenigſtens urſprünglich nicht brauchen; es iſt viel=
mehr in der oftgedachten Anrede mehrmals gegen
Gewalt proteſtirt worden. Dieſes geſchieht auch
in dem Illuminatus major 2) und zwar gerade da,
wo geſagt wurde, daß Pfaffen und Fürſten und die
heutigen politiſchen Verfaſſungen dem Orden im Weg
ſtünden. Man glaubte durch gelindere Wege, durch
geheime Machinationen, ſeinen Zweck zu erreichen.

Indeß

---

2) S. Aechter Illuminat. Seite 205.

Indeß sieht man leicht, daß die hier geäußerten und
als wahr empfohlnen Grundsätze auch leicht darauf
führen konnten, und wenn die Umstände günstig
waren, beynahe nothwendig darauf führen mußten.
Es bedurfte nur einen kleinen Windstoß um die un=
ter der Asche glühenden Kohlen in Flammen zu setzen.
Wie verfänglich ist es nicht, wenn selbst noch hier
behauptet wird, es sey falsch, daß die Gewalt der
Fürsten von Gott herrühre, die Majestät sey viel=
mehr bey dem Volk 3)? Gesetzt auch, daß beydes
in einem gewissen Sinn wahr sey: wie leicht sind
nicht dergleichen unbestimmte Aeußerungen zu miß=
brauchen? Und wie sehr sind sie in den neuesten
Zeiten wirklich mißbraucht worden?

Wenn also Hr. Weishaupt die Grundsätze sei=
ner ältern Anrede, und des von Philo darauf er=
bauten Priestergrades noch im Jahr 1787 als un=
schädlich rechtfertigen will: wer kann glauben, daß
er diese Grundsätze früher verlassen, und einem
andern nicht bloß in der Form, als wovon keine
Frage ist, sondern auch in den Sachen selbst ver=
änderten Grad verabfaßt habe, wie er versichert?
Höchstens ist, nachdem er im Jahr 1785 (den 16ten
Feb.) 4) aus Ingolstadt abgegangen war, ein neuer
Priester= und Regentengrad verfertigt worden. Denn
bey

3) Nachtr. zu Weishaupts Rechtfertigung. S. 49. 50.
4) Kandlers höchstnöthige Beylage. S. 19.

bey dieſem ſeinem Abgang waren ſie, wie ich oben
gezeigt habe, noch nicht verfaßt; anſonſt er be=
fohlen haben würde, dieſe dem Churfürſten vorzu=
legen.   In dieſen mag man nun freylich manches
ſo gemildert haben, daß es beym erſten Anblick min=
der anſtößig erſchien; obgleich, wenn man die Sache
genauer bedachte, die Lieblings = Ideen des Herrn
Weishaupts, die chriſtliche Religion, wo nicht dem
Namen nach, doch in der That, abzuſchaffen,
alles mit Illuminaten zu beſetzen, durch dieſe die
Dikaſterien und Fürſten zu regieren, und überhaupt
die ganze Welt nach ſeiner Art zu reformiren, wel=
ches er eine wohlthätige Idee nennt 5), doch
wohl immer darunter verborgen geweſen ſeyn mö=
gen.   Dieſe hat man denn auch den Vertrautern
wohl mündlich näher erklärt; wogegen man den
Uebrigen, denen man ſich nicht ſo ganz eröfnen,
aber doch auch die Beförderung zu dieſen beyden
höhern Graden nicht länger abſchlagen konnte, durch
veränderte Abſchriften die Augen blendete.   Denn
daß dieſes eine Marime bey Hr. Weishaupt war,
ſagt er ſelbſt 6) in einem Brief an A. — vom
15. März 1781.   „Ich werde mich darunter ma=
chen, ſo bald ich die Cahiers erhalte, das ganze
Syſtem (er verſteht das ältere vor dem Münchner
                                                    Receß

5) Nachtrag zu Weishaupts Rechtfertigung. S. 36.
6) Nachtrag der Originalſchr. 1. Abth. . ſ.

Receß vom 20. Dec. 1781 und _ehe Philo diesem
gemäß die Ausbreitung übernommen hatte), um=
zuarbeiten.   Es muß dann à la Jesuite keine ein=
zige die Absicht auf Religion, und Staat ver=
rathende zweydeutige Zeile vorkommen." Wirklich
habe ich auch selbst ein Exemplar eines veränder=
ten Priestergrades gesehen, worinn alles, was auf
Religion und Staatsverfassung Bezug hat, weg=
gelassen war.

Eben dieses gilt von dem unter Herrn Weis=
haupts weltlichen Namen herausgekommnen so ge=
nannten verbesserten System der Illuminaten,
mit allen seinen Einrichtungen und Graden, 8.
Frankfurt und Leipzig (Nürnberg) in der Grat=
tenauerischen Buchhandlung 1787, worauf er sich
bereits in dem Nachtrag zu seiner Rechtfertigung
bezieht, und wornach er alles beurtheilt wissen
will 7) wie er solches auch in der Vorrede ver=
langt. In dieser meldet er: Er habe schon einige
dieser Grade vor den ausgebrochnen Stürmen und
vor seinem Abgang aus Ingolstadt ausgearbeitet,
und einigen Gliedern des Ordens in Baiern mit=
getheilt ; auch habe er das in seiner Apologie
des Mißvergnügens enthaltne System von dem
Ursprung des Uebels , welches in der hier so ge=
nannten

_____

7) Seite 9.

nannten vierten Klaſſe 8) vorkommt, ſeinen Zuhö-
rern öffentlich vorgetragen.   So ein Werk, als das
gegenwärtige laſſe ſich in einer ſo kurzen Zeit nicht
ausarbeiten; müſſe alſo vorher ſchon vorhanden geweſen ſeyn.

Allein die Stürme nahmen ſchon um die Mitte
des Jahrs 1784 ihren Anfang.   Denn obgleich zu
Ende des Jahrs 1783 ſchon einige Mitglieder aus
dem Orden ausgetreten waren, ſo erſchien doch
erſt in der Mitte des Jahrs 1784 den 22. Junius das erſte Churfürſtl. Mandat gegen die geheime, von dem Landesherrn nicht beſtättigte Geſellſchaften; wobey aber noch keine namentlich genennt wurde.   Die beyden folgenden Mandaten,
in denen Freymaurer und Illuminaten mit Namen genennt wurden, ſind vom 2. Mårz und 16.
Auguſt 1785 nachdem Hr. Weishaupt bereits von
Ingolſtadt weg war, als welches er den 16. Feb.
1785 ſelbſt verlaſſen hatte.   Von dem Ausbruch
der Stürme bis zum Druck des verbeſſerten Syſtems
ſind wenigſtens zwey Jahre verfloſſen.   Und dieſe
Zeit war für einen Mann, der ſo fertig ſchreiben
konnte, wie Hr. Weishaupt, der den Kopf beſtändig mit dieſen Ideen angefüllt hatte, und in ſeinem Syſtem lebte und webte, wohl hinlänglich,

ein

8) Verbeſſertes Syſtem. S. 206.

ein Werkchen von einem Alphabeth, selbst neben andern Schriften, die er inzwischen herausgab, und bey welchem schon so viel vorgearbeitet war, ohne große Mühe hervorzubringen.

Es war Grundsatz des Illuminatismus, daß der Zweck die Mittel heilige, oder, wie es auch glimpflicher ausgedrückt wurde: daß man die nämlichen Mittel zum Guten gebrauchen müsse, welche die Bösen zur Erreichung böser Absichten gebrauchten. Dieses macht die Versicherungen des Hrn. Weishaupts schon vornenweg verdächtig. Von der Güte und Vortreflichkeit seines Ordens war er überzeugt: was konnte ihn hindern ein falsches Vorgeben zu Hülfe zu nehmen, um den Orden als gut und unschädlich vorzustellen; hintennach ein gelinderes System zu erdenken, und der Welt vorzuspiegeln, es habe schon lange im Orden Statt gehabt? Er sagt selbst: einige dieser neuen Grade habe er einigen Mitgliedern in Baiern bereits vor den ausgebrochnen Stürmen mitgetheilt. Also waren diejenigen, welche hier geliefert werden, wohl noch nicht alle verfertigt; einige derselben sind also erst nachher erdacht worden. Auch nennt er die Glieder in Baiern, welche die neuen Grade erhalten haben sollen, nicht, und hält solches sogar für unnöthig. Hätte er gesagt, es dürfte ihnen Gefahr bringen, so hätte es sich noch hören laffen.

laſſen. Selbſt der Umſtand, daß er verſchiedenes öffentlich gelehrt habe, führt ganz natürlich auf den Gedanken, daß gerade dieſes nicht eigentlich ein Gegenſtand der geheimen Lehren in der Geſellſchaft geweſen, ſondern erſt hintennach hineingetragen worden ſey. Denn es fällt doch faſt ins Lächerliche, das Nämliche, was ein Lehrer in öffentlichen Vorleſungen vorträgt, auch in einer geheimen Geſellſchaft, wo man nach ſeiner eignen Behauptung mehr erwartet 9) vorzubringen, als ein Geheimniß zu behandeln, und den Leuten das ins Ohr zu ſagen, was man längſt ſelbſt auf den Dächern geprediget hat!

Was aber völlig entſcheidet, iſt das Zeugniß des Philo, nebſt der eignen anderwärtigen Aeußerung des Hrn. Weishaupts ſelbſt. Nachdem Philo die Stücke namhaft gemacht hatte, welche in dem ſogenannten ächten Illuminaten ganz richtig enthalten ſeyen, ſo ſetzt er hinzu 1): „Ich muß bey dieſer Gelegenheit auch zugleich erinnern, daß das von dem Herrn Weishaupt herausgegebene verbeſſerte Syſtem der Illuminaten Aufſätze enthält, die mir gänzlich fremd und ſo lange ich Mitglied dieſer Geſellſchaft war (das iſt

9) Nachtrag. zu Weishaupts Rechtfertigung. Seite 76.
1) Erklär. Seite 96.

ist bis den 1. Julius 1784) 2) bey uns nicht eingeführt gewesen sind."

Er selbst, Hr. Weishaupt, macht in dem Schreiben an die Areopagiten vom 2. Febr. 1785 3) die Grade namhaft, welche dem Churfürsten vorgelegt werden sollten. Diese waren, 1. die Vorbereitung, 2. der Mineralgrad, 3. der Illuminatus minor, wo das Wort dummster Mönch in dummster Mensch verändert, 4. der Illuminatus major, wo die Stelle: Pfaffen und Fürsten stehen uns im Wege, ausgelassen, 5. der Illuminatus dirigens von welchem bloß die Zeremonien und seine Anrede, 6. der Priestergrad, aber von diesem nur die Instruktio in Scientificis jedoch mit Weglassung der beziehenden Stellen, und sonst überhaupt weiter nichts vorgezeigt werden sollte. Wofür sollten alle diese Grade vorgelegt werden, wenn sie damals schon abgeschaft, oder gänzlich umgearbeitet waren? War das verbesserte System schon vorhanden: so wäre man ja viel leichter und sicherer aus dem Gedräng gekommen, wenn man dieses vorzulegen beschlossen hätte. Wenigstens hätte man dieses in Absicht auf den Theil desselben, der etwa fertig gewesen wäre, thun sollen: zumal da man hierdurch die

zu

2) Erklär. Seite 136.
3) Nachtrag der Originalschr. S. 204.

zu machenden Abänderungen in dem Illuminatus
minor und major, welches, wenn es entdeckt
worden wäre, der Sache außerordentlich geſchadet
haben würde, ſich hätte erſparen können. Aber
in dem ganzen Brief findet ſich, ſo wenig als
anderſtwo vor dem Jahr 1787 die geringſte Spur
von dieſem verbeſſerten Syſtem. Im Jahr 1786
erſchien ſowohl das Schreiben an Hrn. Utſchnei-
der, als auch die Geſchichte der Verfolgungen der Illuminaten. Von beyden iſt wahrſcheinlich Hr. Weishaupt ſelbſt Verfaſſer; wenigſtens
ſind ſie mit ſeinem Vorwiſſen herausgekommen;
auch bezieht er ſich auf letztere als auf eine glaub-
würdige Schrift in dem Nachtrag zu ſeiner Rechtfertigung 4). Aber auch in dieſen Büchern iſt
noch keine Spur von dem verbeſſerten Syſtem zu
finden. Und wofür war es nöthig. Dem Illuminatus minor, ſo wie er ehemals war, in jenen
beyden Schriften wörtlich wieder abdrucken zu laſſen, wenn derſelbe in der Zwiſchenzeit abgeſchaft,
oder ſo gänzlich abgeändert worden, als er in
dem verbeſſerten Syſtem erſcheint, wo nur einige
wenige Stellen aus demſelben beybehalten worden, auch ſelbſt die Benennung Illuminatus minor, eben ſo wenig, als die ſonſt übliche Benennung der übrigen Grade, nicht einmal gebraucht?

Selbſt

4) Seite 48.

Selbst in der ebenfalls 1786 erschienenen Apologie der Illuminaten, zu welcher sich Hr. Weishaupt selbst als Verfasser bekennt 5), findet sich nichts von diesem verbesserten System, ob man gleich durch die vorläufige Berufung auf dasselbe so manchen Vorwürfen hätte entgehen können. Was kann man anders schließen, als daß dieses System damals noch gar nicht, selbst nicht einmal in Petto, existirte?

Indessen enthält dieses System doch im Grunde noch immer die alten Maximen und Projekte, so unschuldig solches demjenigen, der mit den vorhergehenden Schriften der Illuminaten nicht bekannt ist, auch scheinen möchte. Denn die Sachen sind die nämlichen; die Ausdrücke sind nur gemildert, und was gleich auf den ersten Anblick anstößig scheinen mußte, ist weggelassen, oder verdeckt worden. Noch immer werden die bisherigen Regierungen für unzulänglich ausgegeben 6) und behauptet, daß geheime Gesellschaften ihnen, auch ohne ihr Wissen und wider ihren Willen zu Hülfe kommen müsten 7). Noch immer wird über die Macht der Bösen geklagt, und eine Gesellschaft

ge-

5) Nachtrag der Original. Seite 211. vergl. mit Seite 186.
6) Verbessertes System. Seite 30 u. f.
7) l. c. Seite 35. u. f.

gewünſcht, welche dieſen die Macht nehmen, und
ſolche den Tugendhaften beylegen ſollte, damit
dieſe den Böſen fürchterlich würden 8). Noch
immer ſoll das ganze menſchliche Geſchlecht durch
eine ſolche Geſellſchaft gebeſſert und veredelt wer=
den 9). Zwar ſoll dieſes alles nur durch Auf=
klärung und Sittlichkeit geſchehen, wie auch be=
reits in den vorhergehenden Schriften erinnert
worden iſt. Denn ein großer Theil der ſo be=
titelten Jdeen über das Weſen und Einrichtung
einer geheimen Geſellſchaft, die ſich gleich vornen
in dem verbeſſerten Syſtem 1) befinden, ſind in
dem, in der Geſchichte der Verfolgungen ab=
gedruckten Illuminatus minor 2), vornehmlich aber
in der daſelbſt befindlichen abgeänderten Anrede an
den Schottiſchen Ritter oder Illuminatus diri=
gens 3), einiges in der Apologie der Jllumina=
ten 4) auch ſchon enthalten. Allein man weiß
auch, daß es eine falſche Aufklärung giebt, wel=
che alle poſitive Religion und alle monarchiſche Re=
gie=

8) l. c. Seite 42. u. ſ.
9) l. c. Seite 46.
1) L c. Seite 9 — 82.
2) Geſchichte der Verfolg. Seite 154 — 221.
3) l. c. Seite 222 — 250.
4) Apologie der Jlluminaten. Seite 89. ſ. S. 124.
   u. ſ. ſ.

gierungen verdrängen will : so wie man sich auf
Sittlichkeit und Moral ebenfalls zum Schein be=
rufen und beyde nur als Mittel zu andern Absich=
ten, z. E. zur Befriedigung seiner Herschsucht
gebrauchen kann, als worauf der vorgebliche Kos=
mopolitismus zuletzt hinaus lauft. Eben so weiß
man, wer die Bösen in der Sprache der Illumi=
naten sind. Es sind alle, die nicht zu ihnen ge=
hören, oder sich wenigstens nicht von ihnen regie=
ren lassen wollen.

Auch in Ansehung der positiven Religion hat
Hr. Weishaupt in dem verbesserten System noch
die alte Meynung, ob er sich gleich weit behutsa=
mer, als ehedem, ausdrückt.   Positive Religion
ist ihm am Ende nichts als Vernunftreligion 5).
„ Der Orden, sagt er, muß, wenn er Menschen
bessern will, Systeme haben, die für die bestrit=
tene Lehre (von der Unsterblichkeit der Seele) ei=
nen befriedigenden Aufschluß geben, und jeden
Zweifler an Offenbarung zurecht führen.   Bey
allen übrigen tritt die Religion in das Mittel; sie
stellt allen die Sätze der Vernunft vor, erspart
ihnen die Beweise derselben durch Autorität, und
verkündigt solche als Aussprüche der Gottheit, um
sich dabey zu beruhigen, und sie den Feinden sei=
ner

5) Verbessertes System. Seite 125.

ner Ruhe als ſolche entgegen zu ſtellen; und in⸗
ſofern iſt poſitive Religion eine wahre Wohlthat,
ein wahres Bedürfniß des Menſchen.“ So wie
alſo gleich urſprünglich die Abſicht war, die po⸗
ſitive Religion herabzuſetzen, ſo blieb dieſelbe auch
in dem verbeſſerten Syſtem.   Schon im Jahre
1778 den 10. März ſprach Hr. Weißhaupt 6)
von einer eignen Moral, Erziehung, Stati⸗
ſtik und Religion, welche durch ihn und in dem
Orden entſtehen ſollte. Nur wollte er ſtuffenweiſe
zu Werk gegangen, und z. E. den Marius da⸗
mals (den 17. März 1778) noch mit Religions⸗
abſichten verſchont wiſſen, weil ſein Magen noch
nicht gänzlich eingerichtet ſey, dieſe ſtarke Speiſe
zu verdauen 7). Eben ſo war Philo geſinnt, wie
die oben angeführten Stellen beweiſen. In dem
verbeſſerten Syſtem ließ man zwar die Erzählnug
weg, in der man Chriſto unter mehrern auch die
Abſicht, die bloße natürliche Religion einzufüh⸗
ren, fälſchlich beygemeſſen hatte; weil man aus
der Erfahrung wohl bemerkt haben mochte, wie
anſtößig dieſes Manchem angekommen war. Man
war alſo etwas vorſichtiger, ſagte aber doch deut⸗
lich genug, daß die poſitive Religion nur inſofern
ſchätzbar ſey, als ſie die Lehren der Vernunft
vor⸗

6) Originalſchriften. Seite 217.
7) Originalſchriften. Seite 223.

vortrage. Hieraus war dann der Schluß leicht zu machen, daß alles übrige keinen Werth habe, nicht von Gott herrühre, sondern menschlichen, allenfalls noch gemeinten Absichten oder wohl gar dem Betrug seinen Ursprung zu verdanken habe.

Die großen Mysterien, welche nach dem Philo zwey Abtheilungen, den Magus und den Rex haben sollten 8), hat Philo nicht selbst ausgearbeitet, ob er gleich auch an der Ausarbeitung hatte Antheil nehmen wollen 9). Sie waren bey seinem Abtritt von dem Orden noch nicht gemacht 1) oder, wenn sie gemacht waren, so hatte man sie ihm, wegen der inzwischen entstandnen Mißbilligkeiten, nicht kommunicirt. Doch wuste er gar wohl, was ihr Hauptinhalt seyn sollte. „Man sollte in den höhern Mysterien, sagt er selbst 2) a, diese piam fraudem entdecken, nämlich das Vorgeben, daß Christus bloß die natürliche Religion gelehrt, und eine allgemeine Freyheit und Gleichheit habe einführen wollen, und daß dieser

8) Nachtrag der Originalschriften, 1. Abtheilung. Seite 108.

9) l. c. Seite 102.

1) Erklär. Seite 119.

2) Nachtrag der Originalschr. 1. Abth. Seite 106.

dieſer geheime Sinn ſeiner Lehre durch die Diſciplina arcani und hernach durch die Freymaurerey
fortgepflanzt worden wäre, als wovon unmittelbar vorher geſagt worden wäre 3), daß man dieſes vorgeben wollte. Man ſollte ferner, b. aus
allen Schriften den Urſprung aller religiöſen Lügen
und deren Zuſammenhang entwickeln (und alſo alle
poſitive, vielleicht gar alle natürliche Religion als
falſch vorſtellen!) c. die Geſchichte des Ordens er-
zählen.‟

Hr. Weishaupt hatte, wie ſeine Gewohnheit
war, bereits vorläufig, und ehe noch die untern
Grade im Reinen waren, an den größern Myſterien gearbeitet. Schon unterm 9. Junius 1782
gedenkt er in einem Brief an Cato eines Grades
vom patriarchaliſchen Leben, der bey Celſus und
Marius mit hundert Schlößern verwahrt ſey 4).
Vielleicht iſt einiges davon in die Anrede des Prieſtergrades übertragen worden. Als Hr. Weishaupt
dieſe Anrede eben ausgearbeitet hatte, und ſich's
in einem Brief an Cato ohne Datum zum Ver-
dienſt angerechnet hatte, daß er eine neue Religion, Staatsverfaſſung und Erklärung der ſo dunkeln Hieroglyphen in einem Grab ſo paſſend zu-
ſammengedrängt hätte, ſetzte er unmittelbar hinzu

3) l. c. Seite 105.
4) Nachtrag der Origin. 1. Abth. Seite 41.

zu 5): „Man sollte glauben, es wäre das größ=
te: und doch habe ich noch drey größere, zu=
gleich wichtigere Grade für die höhern Mysterien
schon fertig daliegen.“ (Was soll hier das Größ=
sere seyn? Im Priestergrad wurde das Christen=
thum abgeschaft, und die natürliche Religion an
die Stelle desselben gesetzt: was bleibt größeres
übrig, als daß in den höhern Mysterien auch die
natürliche Religion abgeschaft, und nach Philo's
Ausdruck für eine Lüge erklärt wurde?) Doch
wollte Hr. Weißhaupt mit diesen wichtigen Graden
behutsam seyn, sie für sich behalten, und sie bloß
allein bene meritis ertheilen, es möchten solche
Areopagiten seyn oder nicht 6). In einem andern
Brief ebenfalls an Cato vom 22. Febr. ohne Jahr,
wahrscheinlich aber von 1782 und also noch frü=
her, als der vorhin angezogne Brief vom 9. Ju.
nius 1782 geschrieben ist (denn von 1783 kann
er nicht wohl seyn, wie der gleich hernach anzu=
führende Brief vom 3. Febr. 1783 wahrscheinlich
macht) sagt Hr. Weißhaupt 7): „Wenn sie hier
bey mir wären, so würde ich Ihnen meinen Grad
ohne Anstand ertheilen. — Aber aus Händen gebe
ich diesen Grad nicht, er ist gar zu wichtig: er

f 2   ist

5) l. c. Seite 69.
6) l. c. Seite 69.
7) Nachtrag der Origin. 1. Abth. Seite 71 re.

ten und deren Nachtrag, aus welchen
oft ſelbſt Beweiſe hernehmen, für ächt auch
haben. Was in denen im Nachtrag enthaltenen
Briefen des Philo und in deſſen endlichen Er:
klärung von Hr. Weiſhaupt erzählt wird, iſt eben:
falls als glaubwürdig anzuſehen. Denn dieſer be:
ruft ſich, wie oben gemeldet worden, ſelbſt auf
die Briefe des Philo, und was die endliche Erklä:
rung betrift, ſo hat Hr. Weiſhaupt derſelben, ob
ſie gleich ſchon 1788 erſchienen iſt, bisher auch
noch nicht das Geringſte entgegen geſetzt.

Daß Philo, oder der Freyherr von Knigge
ſeit ſeinem Abgang von dem Orden, wie er ver:
ſichert 3) nicht den mindeſten Antheil weiter an
demſelben genommen habe, kann man ihm glauben.
Dennoch hat er nicht unterlaſſen, die in dem Or:
den üblichen ſowohl religiöſen als politiſchen Grund:
ſätze theils zu beſchönigen, theils weiter auszubrei:
ten. Solches beweiſen nicht nur die endliche Er:
klärung ſelbſt, ſondern auch einige ſeiner neueſten
Schriften, namentlich ſeine ſo betittelte: Papiere
des Herrn Etatsraths von Schafskopf, und
ſein politiſches, ihm von Niemanden abgefordertes,
Glaubensbekenntniß.

Auch

3) Erklär. Seite 139.

Auch Hr. Weishaupt versichert, so sehr er es bedauert, daß er in dem Lauf seiner Arbeiten unterbrochen worden ; der Gedanke an eine weitere Fortsetzung des Ordens sey bey ihm gänzlich erloschen 4); ja er hält die Ausführung seines Plans, weil er nunmehr entdeckt sey, für unthunlich 5). Seit seinem Nachtrag von 1787 hat er auch über den Orden nichts weiter mehr im Druck herausgegeben. Ob er aber, freylich nicht mehr in der alten Form, nachher nicht noch ins Geheim fort operirt habe, oder bey der sogenannten, hauptsächlich von D. Bahrdt projectirten Deutschen Union, hinder dem Vorhang gestanden sey, lasse ich dahin gestellt seyn. War er bey dieser Union auch nicht geschäftig, so waren es doch andre Illuminaten, wie aus Bahrdts eigner Erzählung von der Union erhellt, die in dem von ihm so betitelten Werkchen : Geschichte und Tagebuch meines Gefängnisses, 8. Berlin 1790, befindlich ist.

So viel bleibt gewiß, daß nicht nur die Grundsätze der Illuminaten in Absicht auf die Religion und den Staat, in unzähligen Schriften und Recensionen ferner ausgebreitet worden, und bey ei-

ner

---

4) Verbessert. System. Einleit. Seite 6.
5) Nachtrag zu Weishaupts Rechtfertigung. S. 59.

ner jeden Gelegenheit, freylich ohne die Quelle
nennen, die auch Mancher vielleicht ſelbſt nicht ein
mal wuſte, noch gegenwärtig ausgebreitet und
die ganze deutſche Leſewelt und zuletzt bis unter die
gemeinen Bürger und Bauern ausgeſtreut werden
ſondern auch, daß einzelne Illuminaten, für ſie
allein, oder auch auf Befehl ihrer, andern Leute
nicht bekannten, Obern, ſich in andre geheim
Geſellſchaften einmiſchen und gegen die Religion
und die monarchiſchen Regierungen noch immer fort
arbeiten, wovon in der Vorrede ein auffallende
Exempel angeführt worden.